vie d'une part
les représenta
Catherine
La Voisin.
notaire, Maître
Jean Racine

tolets automatiques
dispensables les pl
précautions pen
cution des tirs
faits accomp
la patr
grande
des

OBJETS
d'écriture

par ERIC LE COLLEN

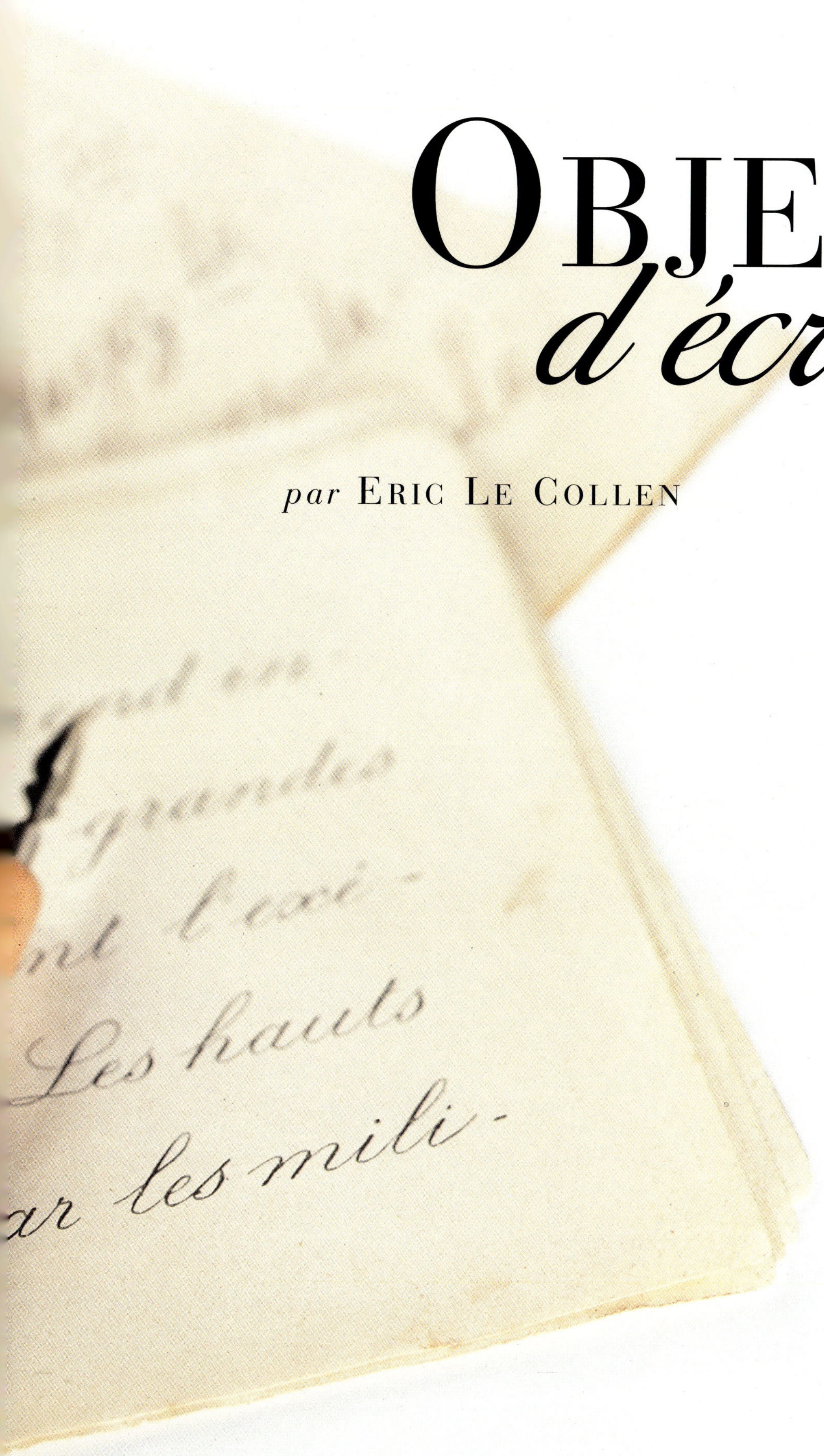

Flammarion

À Sylvie, à Brieuc
et aux libertés secrètes
que procurent les plumes
et les pages d'écriture.

Direction artistique
Marc Walter / Bela Vista
Direction éditoriale
Ghislaine Bavoillot
Responsable d'édition
Nathalie Bailleux
Fabrication
Murielle Vaux
Réalisation P.A.O.
Bela Vista

ISBN : 2-08-200259-4
Numéro d'édition : FT0259-01
Dépôt légal : Novembre 1998
Imprimé en Italie par Canale

Objets d'écriture des origines à nos jours : à la plume d'oie (page 1) à la manière de Jean Racine par Jacques Le Roux ; à la plume métallique (pages 2 et 3) avec un porte-plume en bois teinté fabriqué par les bagnards de Cayenne, et au feutre (pages 4 et 5) par Christian Lacroix, qui précise utiliser un stylo Montblanc ou un feutre.

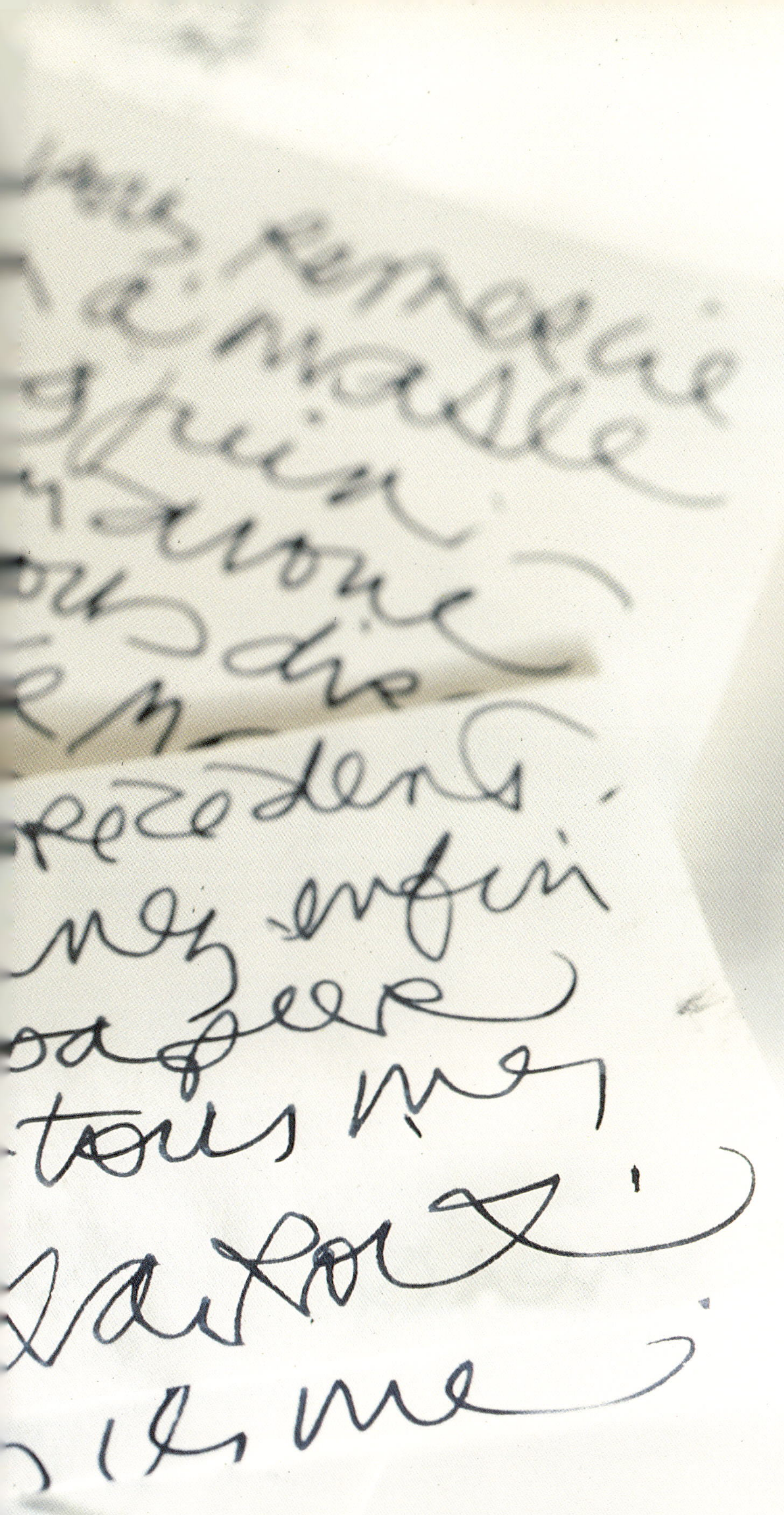

Sommaire

sse
iment
tendresse
mon cœur
vœux ardents:
nes Par
et
Lange,
1891
mbre

Compagnons d'écriture

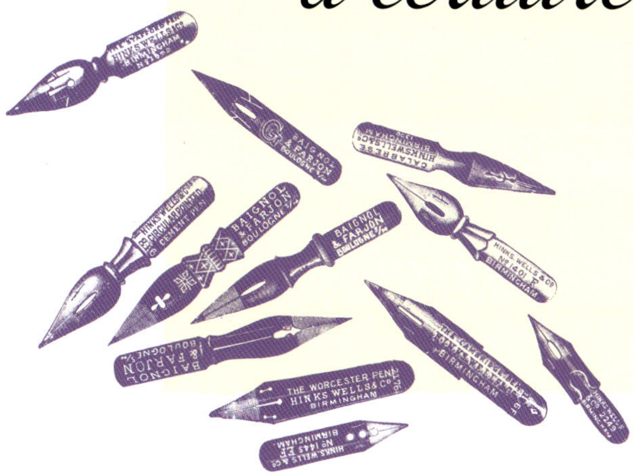

Modestes ou précieux, les objets d'écriture ne laissent jamais indifférent. Sous nos doigts malhabiles, ils ont accompagné nos premiers apprentissages. Peu à peu, nous avons découvert tout ce qu'étaient capables d'exprimer ces merveilleux instruments de liberté.

Avec un stylo-bille de quelques grammes, on peut tracer des kilomètres d'écriture ; avec un simple crayon, on peut tout dire, tout exprimer, et la page blanche nous appartient comme espace infini. Ecrire à la main procède d'une magie précieuse et particulière, et lorsqu'il s'agit de confier à autrui quelques petits signes durables d'affection, il n'existe pas d'outil susceptible de rivaliser avec la "main à la plume".

Conçus pour caresser – le pinceau, le feutre – ou pour inciser – le calame et les diverses plumes –, les instruments d'écriture sont en fait d'irremplaçables compagnons ; fidèles complices, certains nous accompagnent toute une vie. Ils appartiennent à un monde où les objets ont un supplément d'âme.

De la plume d'oie à la pointe bille, en passant par la plume d'acier et le stylo-plume, sans oublier les crayons et les craies, c'est un voyage en leur compagnie que nous vous proposons. Des siècles passés il nous reste tant d'écrits et si peu d'outils ! Partons à leur recherche, retrouvons la trace d'instruments qui se sont effacés, une fois leur tâche accomplie.

Posés sur un "compliment" en papier gaufré et doré – écrit par un enfant au XIXe siècle –, l'encrier en cristal taillé à facettes comme un joyau, la plume en or d'un stylo des années trente nous entraînent dans la poésie des objets essentiels qui composent un décor d'écriture.

Raconter leur histoire, mieux les connaître, permet de faire des découvertes insoupçonnées, de rencontrer d'étonnants personnages et peut-être même d'imaginer ce que seront les outils du futur...

Mais ne nous y trompons pas : au-delà de leur technique, de leur esthétique, de leur fantaisie, voire de leur absurdité, ces instruments sont de formidables réservoirs de mémoire, d'intelligence et d'imaginaire.

A chaque époque, écrivains et poètes exprimèrent à quel point certains objets d'écriture les aidaient dans leur réflexion et combien d'autres, au contraire, les perturbaient. Dans *Vérité et Fiction*, Goethe, pour qui seul comptait le crayon, n'hésite pas à fustiger la plume d'oie dont le crissement allait parfois jusqu'à "gêner son inspiration".

Pas question d'abandonner cette plume animale, estima au contraire Alexandre Dumas, lorsque l'industrie du XIXe siècle inonda le monde de plumes métalliques. Et pourtant, quelques décennies plus tard, Marcel Pagnol ne jurait plus que par la plume "Sergent-Major" dont il équipait ses porte-plumes pour écrire sur des cahiers d'écoliers.

Plus récemment, dans sa préface à *La Civilisation de l'écriture*, Roland Barthes nous dit combien il est important de disposer de bons outils pour écrire avec plaisir "...l'effort souvent ingrat du travail intellectuel est racheté à mes yeux par le plaisir d'avoir devant moi (telle la table du bricoleur) une bonne feuille de papier et une bonne plume...".

Que de chemin parcouru depuis l'époque où l'écriture – et ses outils – était réservée à de rares initiés ! Les lointains ancêtres de ces stylos-plume qui nous font aujourd'hui rêver naquirent du simple besoin de compter les récoltes et les troupeaux. Puis cette écriture cunéiforme – le clou qui grave la tablette d'argile humide – servit à exprimer des idées, des sentiments, mais aussi à noter avec précision des histoires jusque-là soumises aux aléas de la transmission orale.

C'est donc "le poinçon" des comptables qui permit aux Sumériens de rédiger la première épopée de tous les temps, il y a quatre mille ans. En déchiffrant les signes incisés de *L'Épopée du roi Gilgamesh*, on retrouve les légendes dont s'inspirèrent les Grecs. Quelques tablettes plus loin, il s'agit cette fois d'une évocation du Déluge qui préfigure la Bible.

L'Egypte, de son côté, offrit à l'humanité ses hiéroglyphes à la beauté intemporelle. Le texte était sacré, les pouvoirs du scribe étaient immenses. Pour pratiquer une écriture complexe et lente, il fallait à cet initié non seulement une mémoire prodigieuse mais aussi de parfaites connaissances graphiques acquises au cours d'un très long apprentissage.

En roseau ou en bambou séché, le calame est l'un des premiers objets de l'histoire de l'écriture. Il demeure, aujourd'hui encore, l'outil traditionnel de la culture calligraphique arabe. C'est un instrument solide qui permet l'obtention de traits de toutes largeurs, pour une écriture d'une grande subtilité...

Sous le regard du dieu Thot – fondateur de l'écriture égyptienne –, le scribe Nebmertouf est tout à son ouvrage. Datant du règne d'Aménophis III, vers 1400 av. J.-C., cette statuette fait partie des collections du musée du Louvre.

Pour des écritures plus quotidiennes, le scribe rechercha divers moyens d'accélérer sa main. Plus rapides, plus souples et déliées, de nouvelles écritures cursives s'inscrivirent sur le papyrus, le cuir ou l'étoffe. Avec elles se développèrent des outils dont les noms sont encore familiers : encre, encrier, calame, pinceau...

Grâce aux Phéniciens, la découverte des alphabets permit, il y a trois mille ans, de passer de plusieurs centaines de signes à moins d'une trentaine. Le scribe, grec cette fois, utilisait un style de métal avec lequel il incisait des tablettes enduites de cire. L'écolier romain fit de même. Il employait parfois un étrange bâton de bronze au bec fendu : une plume métallique... on en reparlerait au XIXe siècle !

A Rome, pendant que les ateliers de lapicides gravaient au burin les *Capitalis monumentalis*, les murs des ruelles se couvraient de graffiti. On y parlait d'amour, de politique, de vie sociale... L'album, panneau d'affichage officiel, n'était jamais assez vaste pour contenir les récriminations de citoyens en colère, tel ce consommateur s'adressant à son aubergiste à Pompéi : " Tu vends de la piquette, canaille, mais tu te réserves les fines bouteilles ! " Pompéi fut ensevelie, Rome s'effondra. Après les grandes invasions, Charlemagne voulut reconstruire un empire où savoir et culture auraient leur place. Lui aussi rêvait d'écrire.

Grâce au chroniqueur Eginhard, on apprend que le souverain "...avait l'habitude de placer sous des coussins de son lit des tablettes et des feuillets de parchemin, afin de profiter de ses instants de loisirs pour s'exercer à tracer des lettres..." Alors, l'empereur était-il bon élève ?
Il semble que non. " il s'y prit trop tard et le résultat fut médiocre ", poursuit le chroniqueur.
Heureusement, il y avait les moines copistes...

Dans cette enluminure du XIIIe siècle, un moine inspecte le parchemin que lui propose un marchand. Une autre peau tendue sur son cadre est en cours de préparation. Etonnant support que cette peau animale capable de résister au temps plus de mille ans !

Saint Matthieu écrivant sous la dictée de l'ange, tel qu'on peut le voir sculpté dans les pierres du jubé de la cathédrale de Chartres. En filigrane, une écriture onciale romaine du Ve siècle.

Mille ans de plume d'oie

Lorsque l'on quitte le village fortifié de Saint-Emilion, on découvre un prieuré, celui de Saint-Florent. Pour la prière et l'agriculture, depuis plusieurs siècles, s'y succèdent des générations de moines bénédictins.

Au cœur de l'édifice, non loin de la chapelle qui abrite les précieuses reliques de saint Eutrope, est un autre espace, celui d'une autre prière : l'écriture !

Ici, de matines à complies, depuis les premières heures du jour jusqu'au soir, près de vingt moines exercent leur art : il sont copistes. Dans l'anonymat du scriptorium, orienté vers le sud, pour capter au mieux la lumière naturelle, ils sont à l'ouvrage.

Au prieuré de Saint-Florent

Ce matin d'automne 1450, le jour est à peine levé que frère Trasibule a pris place à son écritoire. Depuis près d'un an, il travaille à recopier une bible, une commande passée par une importante communauté religieuse de Bordeaux.

Un grand silence règne au scriptorium. Frère Trasibule sait bien qu'il ne doit pas provoquer le moindre bruit "ni avec le parchemin, ni avec la plume". Lorsque les moines convers quittent la ferme du prieuré, il ne les entend même pas ; il est tout à son travail, fait de lenteur et de minutie. Sur sa table, il a disposé deux cornettes – des encriers en cornes creuses – que le copiste tient parfois dans la main gauche ou qu'il place dans un orifice ménagé à une extrémité du pupitre.

Une panoplie d'accessoires des XVIIe et XVIIIe siècles accompagne la plume d'oie. Auprès de divers canifs et lames destinés à tailler les plumes à la main, d'autres outils permettent d'effectuer la même opération de façon mécanique. L' anneau en ivoire est porté au doigt pour pouvoir tailler rapidement les becs de plumes émoussées. Les baradelles en ivoire et les nécessaires en laiton annoncent le remplacement de la plume d'oie par la plume métallique.

Tout à côté des cornettes, quelques craies et deux pierres ponces lui serviront d'abrasifs pour effacer les fautes éventuelles. Pour tracer la réglure qui le guide, ligne par ligne, dans son travail, notre moine utilise une règle. A l'aide d'un poinçon, il aura au préalable marqué l'emplacement de chaque ligne. Près de son manuscrit, une tablette enduite de cire lui sert de pense-bête : à l'aide d'un style, il y prend des notes.

Frère Trasibule ne prépare pas lui-même ses parchemins. Le prieuré dispose en effet de ressources suffisantes pour les acheter "tout prêts" à Gaucem, un laïc qui tient commerce à Saint-Emilion. Gaucem prépare ses peaux à partir d'animaux, le plus souvent veaux, chevreaux, agneaux, cerfs ou truies. Le parchemin, ce noble support de l'écriture, est rare, et donc cher.

Outils en place, parchemin bien apprêté, frère Trasibule prend enfin sa plume d'oie en main. Dans un tiroir au bas de son écritoire, il a conservé quelques calames – les roseaux du temps passé – qu'il n'utilise plus guère. La plume a sa préférence. Elle a l'avantage de la souplesse et de l'élasticité, elle joue sous la pression de la main, réagit à chacune de ses accentuations.

Saint Jérôme s'interroge : Comment faire pour convaincre les moines de rester attentifs, de ne pas oublier des mots, des virgules et des points, dans leur travail de transcription ?
Même la crainte du démon des scriptoriums, Titivillus le Vétilleux qui, chaque matin, emporte en enfer un plein sac contenant les lettres que les religieux ont omises, semble n'y rien changer…

Pendant de longues heures, frère Trasibule copie, assurant ainsi – selon les mots de saint Jérôme – "le salut de son âme". Et s'il lui arrive de perdre parfois le fil de son ouvrage, un texte ancien – datant de l'époque de Charlemagne –, écrit "en grand" à même le mur du scriptorium, est là pour lui rappeler ses devoirs de copiste. Ce sont les recommandations d'Alcuin, un moine anglais qui réforma en son temps la calligraphie et dirigea le scriptorium de l'abbaye de Saint-Martin de Tours : "Qu'ici s'asseyent ceux qui écrivent les paroles de la loi sainte ainsi que les enseignements sacrés des saints pères. Qu'ils se gardent de mêler leurs propos frivoles à ces paroles. Qu'ils se procurent des ouvrages soigneusement corrigés et que la plume du volatile aille par le droit chemin. …C'est une noble tâche que de copier des livres sacrés, et le scribe ne manquera pas sa récompense."

En fait de récompense, frère Trasibule connaît par cœur la phrase de Pierre le Vénérable – l'un des grands abbés de Cluny – pour l'avoir entendue cent fois prononcée par le prieur : l'écriture permet de "cultiver les fruits de l'esprit et de cuire le pain céleste de l'âme".

La réalité est bien plus cruelle ; entre le scribe de l'Antiquité, presque "égal des dieux" et lui, pauvre copiste du Moyen Age, il y a un monde. C'est Isidore de Séville, évêque et encyclopédiste espagnol, qui évoqua pour la première fois les outils des hommes de plume, il y a de cela huit siècles – "les instruments du copiste sont le calame et la plume. Grâce à eux, en effet, les mots sont fixés sur la page, mais le calame provient de l'arbre et la plume d'un oiseau". Depuis, dans les scriptoriums de la chrétienté, des générations de copistes comme Trasibule se sont succédé, la plume à la main.

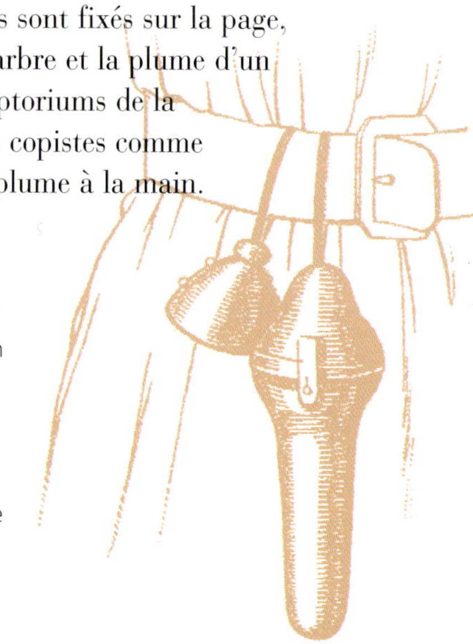

Véritable nécessaire de voyage, le galimart (ou calmart) se portait à la ceinture ou bien autour du cou. Son usage se répandit dès le Moyen Age. Il contenait l'encrier, les plumes, le canivet, le grattoir, la boîte à poudre pour sécher l'encre, le sceau, la cire et même parfois le papier.

Et chaque jour que Dieu fait, frère Trasibule recopie inlassablement des pages et des pages – de trois à six folios –, c'est selon les textes, et un peu selon son humeur. C'est en tout cas le rendement qu'il s'impose pour éviter les remontrances du prieur. Un an pour recopier une bible, quarante ouvrages dans toute une vie d'écriture ! Voilà frère Trasibule en chiffres.

Le résultat en vaut la peine et notre moine a du talent : sa bible est une véritable prière, sa calligraphie, une exceptionnelle œuvre d'art. Ce n'est pas un hasard si à Saint-Florent, comme dans de nombreux autres prieurés, on donne au bibliothécaire le nom de "thesaurarius": le gardien du trésor !

Lorsque notre copiste s'accorde de rares instants de repos, c'est pour rejoindre son vieil ami le moine Robert qui enseigne aux enfants des hameaux voisins. "*More scriptoris super aurem ejus haerentem pennam*" – plume d'oie sur l'oreille –, frère Trasibule leur apprend parfois quelques rudiments d'anciennes écritures telles que "l'onciale", la "caroline"... Il leur montre aussi quelques-unes des nombreuses variantes de la "gothique" avec laquelle il recopie ses manuscrits. Il ne manque jamais de poser aux enfants la traditionnelle devinette composée par l'abbé Jarrot au VIIIe siècle et que des générations de copistes se transmettent depuis :" Simple suis, et de nulle part la sagesse ne me viendra ; mais d'une démarche que tout homme sage imite, habitant la terre entière, je parcours l'horizon céleste des formes, toute blanche d'aspect, laissant à ma suite une trace noire. Qui suis-je ?...la plume d'oie, bien sûr ! "

Même s'il avoue sa fierté de faire partie des anciens, de ceux à qui l'on confie sans inquiétude la copie de pieux manuscrits, frère Trasibule leur explique aussi qu'un livre n'est pas le fait d'un seul individu mais de tout un groupe de moines au sein duquel chacun détient une responsabilité très précise. Préparer une bible suppose en effet de multiples opérations et très vite, à Saint-Florent, comme dans les autres prieurés, les moines se sont spécialisés, chacun dans un domaine particulier.

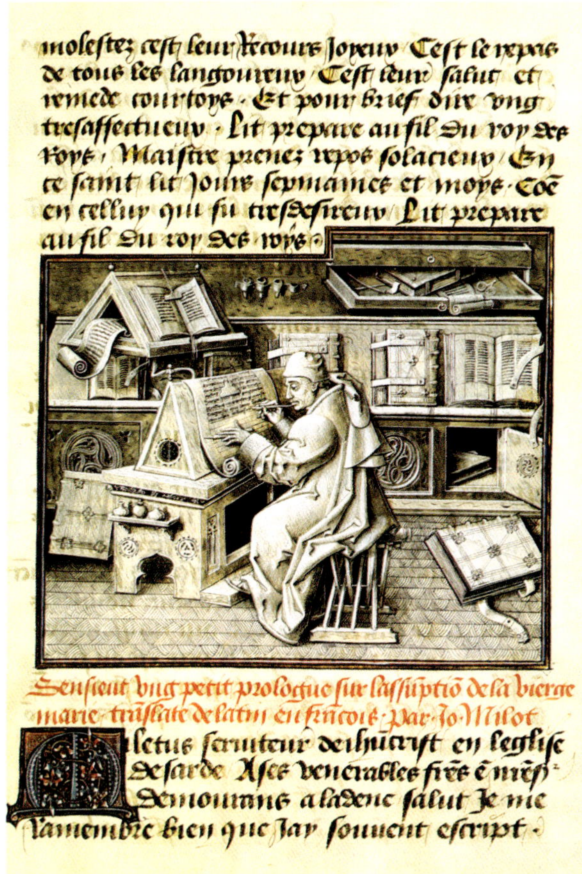

Certains excellent dans l'art de tailler les peaux avec un scalpel, d'autres rivalisent d'adresse en supprimant les aspérités du parchemin et en découpant les pages à l'aide d'un rasoir. Le "réglage" et la copie des textes sont l'affaire de quatre moines, dont Trasibule. Quant à l'enluminure, ce sont deux autres frères, artistes et méticuleux, qui ont la charge de décorer chaque page du manuscrit.

Jean Miélot, chanoine à Lille au XVe siècle, était un copiste et un traducteur réputé. Sur cette célèbre miniature, il apparaît entouré de nombreux manuscrits et de cornets, face à son écritoire. Le texte est caractéristique de la cursive gothique, l'une des dernières écritures du Moyen Age..

Après avoir taillé sa plume avec un canivet, saint Marc en vérifie l'extrémité avant de la plonger dans l'encre..
En filigrane apparaissent des écritures gothiques primitives du XIIe siècle.

Debout face à son écritoire, à l'aide d'une plume d'oie entièrement débarrassée de ses barbes, le saint copiste reproduit une bible. L'outil qu'il tient dans sa main gauche lui permet de maintenir à plat le parchemin pendant la copie. Prière et écriture sont intimement liées dans cette œuvre espagnole du XVe siècle qui nous révèle l'atmosphère d'un scriptorium au Moyen Age.

Et comme à cette équipe il faut un chef, "l'armarius", qui inscrit entre les lignes notes et corrections, c'est le prieur du lieu qui occupe cette importante fonction. A Saint-Florent, aime-t-il à répéter, nous ne sommes pas à l'université, où sous la dictée des professeurs, les étudiants doivent écrire à toute vitesse. Ici, pas question non plus d'abuser d'abréviations pour gagner du temps, et gare à la ponctuation !

Trasibule est retourné devant son écritoire, devant "sa volière" comme il dit parfois. Le canard, le corbeau, le coq de bruyère donnent des plumes très dures qu'il réserve aux travaux exigeant la plus grande minutie, pour des écritures très fines par exemple. Lorsqu'il souhaite obtenir des caractères de grosseur moyenne, il emploie l'aigle, le vautour et l'oie bien sûr. Il apprécie la plume de cygne pour la grandeur et la fermeté de son réservoir. Quant à la plume de pélican, beaucoup plus rare, il n'a jamais eu l'occasion de l'utiliser.

En fait, notre copiste a ses habitudes d'écriture : la plume d'oie reste pour lui, la plus agréable. Elle est à la fois résistante et souple et, de plus, "son tuyau bien rond ne tourne pas dans la main".

Frère Trasibule effectue lui-même la taille des plumes d'oie ; un art difficile, qui ne s'acquiert qu'avec le temps. Il n'a jamais laissé à quiconque le soin d'effectuer pour lui cette préparation. Il s'aide pour cela d'un simple canif à tranchant droit. Le manche est en bois, la lame en fer.

Que ce soit dans le rôle de Cyrano écrivant à Roxane ou dans celui de Valmont à l'une de ses maîtresses, la main du calligraphe Jacques Le Roux est l'une des plus filmées du monde. Ce spécialiste écrit à la plume. Il maîtrise la taille des rémiges – d'oie, de cygne ou de paon – ainsi que la fabrication d'encres rares. Sous ses doigts agiles, le bec de la plume imprégnée d'encre continue aujourd'hui encore son ouvrage. (voir aussi page 1, lettre signée Jean Racine).
En filigrane, exemple d'écriture gothique textura en usage aux XIVe et XVe siècles.

Tous les copistes le savent : de la qualité de "la taille" dépendent en grande partie les résultats sur le parchemin. Il existe trois techniques principales que frère Trasibule pratique indifféremment. Dans la taille "à bec symétrique", les deux branches sont égales et la fente est bien au milieu. C'est la façon la plus ancienne, elle daterait du VIIe siècle. Elle donne une écriture avec des traits verticaux forts, des traits horizontaux fins et des traits obliques épais.

Notre copiste l'utilise peu, seulement pour l'onciale et la caroline. La seconde taille est "à bec en biseau à gauche" : la branche gauche est la plus courte. Elle donne une écriture qui crée une alternance de pleins et de déliés et s'adapte parfaitement à l'écriture gothique, très utilisée en cette fin de Moyen Age. La dernière "à bec en biseau à droite" est plus linéaire et permet d'obtenir des traits uniformément fins.

Écrire debout et sans écritoire n'est pas chose facile. Pourtant dans cette œuvre du XVIIe siècle, le peintre Zurbaran nous montre le moine blanc frère Pedro Machado, s'accordant bien de cette inconfortable situation...

Inlassablement, des heures durant, frère Trasibule copie… et, lorsqu'il ne copie pas, il taille ; sa vie est ainsi faite. Tard le soir, à l'heure où l'éclairage insuffisant d'une bougie vacillante lui brûle les yeux, il copie encore. On a beau lui promettre le ciel, frère Trasibule en a parfois assez. Il n'a cependant jamais osé prendre la plume pour exprimer la peine qui est la sienne. Il se reconnaît pourtant dans les propos d'un frère du nom de Raoul : "Faites attention à vos doigts. Ne les posez pas sur mon écriture, vous ne savez pas ce qu'est écrire ! C'est une corvée écrasante : elle vous courbe le dos, vous obscurcit les yeux, vous brise l'estomac et les côtes… Priez pour le pauvre Raoul…"

Prions aussi pour frère Trasibule !

Secrets de plumes

Moins de trois ans après cette journée d'automne, en juillet 1453, la paix de Saint-Florent fut gravement perturbée. Celle qu'on connaît sous le nom de "guerre de Cent Ans" allait s'achever aux portes du village de Castillon, à moins d'une lieue du prieuré.

Pendant que les bombardes du roi de France terrassaient tout ce que l'Aquitaine comptait de vaillants chevaliers, dans la chapelle du prieuré, tout près du champ de bataille, les moines avaient le regard tourné vers le ciel. Ils priaient Dieu pour le salut des âmes, mais aussi des livres. A la fin de la journée, on compta les morts par milliers. Le prieuré et ses manuscrits furent cependant épargnés.

La bataille de Castillon marquait les débuts de la guerre moderne. Avec la toute-puissance du canon et la fin de la chevalerie, une page d'histoire se tournait. D'autres bouleversements s'annonçaient. Deux ans plus tard, en 1455, paraissait à Mayence en Allemagne, la bible à 42 lignes de Gutenberg. L'imprimerie naissait d'une triple conjonction : l'apparition du papier, l'invention des caractères mobiles et une forte demande d'ouvrages qui trahissait une grande soif de connaissances. Cette découverte aurait pu signifier le crépuscule de la plume d'oie : il n'en fut rien. Cette dernière allait tenir le devant de la scène jusqu'au milieu du XIXe siècle.

Nous entrions dans l'ère de Michel Ange et de Léonard de Vinci ; c'en était bien fini de l'anonymat du Moyen Age, les copistes professionnels, véritables artistes, signaient leurs œuvres. Leurs calligraphies exceptionnelles – l'humanistique, la chancellerie – allaient servir de modèles à l'imprimerie naissante.

Délicatesse d'une main plongeant la plume d'oie dans l'encrier qu'on lui présente, main d'enfant posée sur un manuscrit : détail de *La Madone del Magnificat* de Sandro Botticelli.

Dans un but à la fois technique et pédagogique, l'Italie publia les premiers traités d'écriture, de taille de la plume et de préparation de l'encre. Le plus connu, daté de 1540, fut *Le Libro Nuovo d'imparare a scrivere* de Palatino. Ce dernier laissera son nom à une typographie.

Du côté des Flandres, la méthode de "Van de Velde" insistait elle aussi sur la précision du geste d'écriture : tenue de la plume, position du corps... Et si plus de quatre siècles se sont écoulés depuis la parution de ces ouvrages, notre écriture de tous les jours, même tracée à la pointe bille, en est encore l'héritière.

Pendant que l'imprimerie avançait à grands pas, le problème de "l'apprêt des plumes" restait sans solution. Comment faire pour débarrasser le tuyau de la plume d'oie des matières graisseuses qui empêchaient l'encre de s'y fixer ?

Ce sont les Hollandais qui, les premiers, découvrirent le procédé miracle qui allait révolutionner l'écriture. Dans *La Manufacture des plumes d'oie à écrire*, Henri Altaribo nous enseigne le hollandage simple qui "consistait à passer des plumes à plusieurs reprises dans du sable chaud ou des cendres chaudes pour amener la matière grasse du tuyau en fusion et l'enlever en frottant avec une étoffe ou en grattant avec le dos d'un couteau spécial".

Longtemps restée secrète, la manipulation requérait "grande expérience et habileté" mais la surface ainsi polie était bien plus facile à fendre : la plume gagnait en solidité et en longévité. Au fil du temps, d'autres techniques se développèrent. Certaines consistaient à passer les plumes vivement au-dessus de charbons *ardens non flambans*, le hollandage de Hambourg s'effectuait par trempage des plumes dans une solution bouillante de potasse et la méthode du Viennois M. Scholz utilisait la vapeur d'eau.

Le thème de l'écriture et celui de l'épistolaire reviennent à de nombreuses reprises dans l'œuvre de Vermeer au XVIIe siècle. Ce détail d'une *Dame écrivant une lettre et sa servante* nous laisse imaginer la résonance poétique d'un visage tout entier concentré vers la page.

En filigrane : apparue au tout début du XVe siècle, " sous l'effet de l'accélaration de la plume ", l'humanistique cursive prit très vite une forte inclinaison. Elle fut l'une des premières écritures de la Renaissance.

Même parfaitement apprêtées puis laissées au repos pendant un an, les plumes devaient ensuite être taillées. Là aussi existait un art véritable. De la qualité de cette dernière étape de préparation dépendaient, on l'a vu, les qualités scripturales de la plume d'oie.

En 1544, Johann Neudörfer, fondateur de la calligraphie allemande, publia un traité entièrement consacré au sujet. Dans son ouvrage consacré à la "parfaite connaissance de l'escriture françoise", Guillaume Legangeur, secrétaire ordinaire de la chambre du roi Henri IV, n'hésita pas à exposer dans les moindres détails sa propre méthode : " Tenir la plume entre les premiers doigts de la main gauche, le canivet (le canif) de la main droite ne faisant passer le tranchant hors d'icelle qu'environ un poulce, à cause qu'elle taille plus assurément approchant de la pointe que du milieu, appuyant le poulce de la droite sur le quatrième doigt pour en soutenir le bout, commençant à ouvrir le tuyau au dos d'icelle et en tirant le ganivet, tourner le tranchant entre le poulce et le second doigt. Cela fait il reste le plus difficile à faire et nécessaire qui est la coupe du bout..." Une simplification s'imposait !

Le canivet – le canif à tranchant droit – de frère Trasibule avait déjà bien évolué : tout en diminuant de largeur, la lame était devenue courbe. En 1715, sous la Régence, Monsieur de La Chaumette inventa enfin un "taille-plume mécanique de poche".

L'instrument comportait une lame coulissante et un levier de coupe capables en même temps de tailler la plume et d'en fendre le bec.

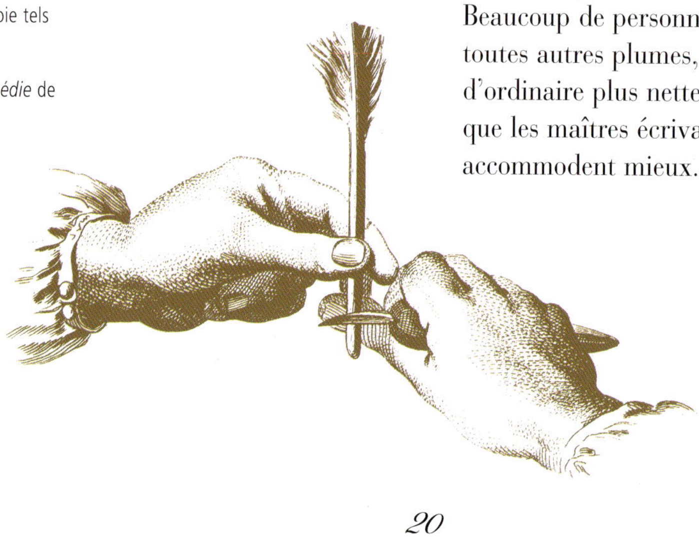

Main, canivet et plume d'oie tels que le sieur Paillasson les représente dans l'*Encyclopédie* de Diderot et d'Alembert.

D'autres outils apparurent ; il s'agit des rafraîchissoirs. D'utilisation simple et rapide, ces accessoires très utiles permettaient de retailler – de rafraîchir – les becs usés.

Diverses techniques de façonnage permettaient d'effectuer des découpages fantaisie, des coupes dites "à l'anglaise", avec ou sans suppression des étoupilles – les petites barbes les plus proches du tuyau de la plume qu'on pouvait aussi colorer. Un panache jaune s'obtenait dans un bain de safran, le bleu dans une solution d'indigo, d'acide sulfurique et d'alun en poudre. Pour le vert, il suffisait de plonger les pennes bleues dans un bain jaune. Le cinabre, pour sa part, permettait l'obtention de plumes rouges.

D'une manière générale, chaque volatile ne fournissait que dix plumes. De plus, chacune possédait sa spécificité. Pour les droitiers, on choisissait les pennes de l'aile gauche dont la légère courbure se prêtait parfaitement à la main. Les rémiges du bout de l'aile étaient utilisées de préférence pour tracer des arabesques, car elles étaient très fortes, surtout chez l'oie.

Au XVIe siècle, le calligraphe anglais, John de Beauchesne, recommanda de s'en tenir à la troisième ou à la quatrième rémige du jars.

Au XVIIIe siècle, Diderot les sélectionnait avec minutie : "Je choisis la plume d'une moyenne grosseur, plus vieille que nouvellement apprêtée, de celles que l'on appelle secondes, et qui ne soit ni trop dure ni trop faible. Il faut qu'elle soit ronde, bien claire et bien nette, comme transparente, sans qu'il s'y rencontre aucune tache blanche, qui d'ordinaire empêche qu'elle ne se fende bien nettement... Beaucoup de personnes préfèrent les bouts d'aile à toutes autres plumes, parce qu'elles se fendent d'ordinaire plus nettement. C'est pour cette raison que les maîtres écrivains et leurs élèves s'en accommodent mieux."

Le célèbre portrait de Denis Diderot par Louis Michel Van Loo, au temps où, pour désigner les majuscules et les minuscules, l'on employait les mots d'alphabet "mineur" ou "majeur".
En filigrane, après les exercices préparatoires, l'*Encyclopédie* abordait les écritures, dont la "ronde", l'une des plus courantes au XVIIe siècle.

Pour les détails concernant la taille de la plume et l'attitude corporelle du scripteur, Diderot s'en remettait à Paillasson, "écrivain expert juré" qui rédigea la totalité des chapitres de l'encyclopédie consacrés à *L'Art d'écrire*.

Des tonnes de plumes !

D'abord assuré par des colporteurs, le commerce des plumes à écrire fut pris en charge au XVIIe siècle par des boutiques. En 1692, Le *Livre commode des adresses de Paris* à la rubrique *Papetiers* signale le "commerce de plumes taillées".

Les plumes étaient triées par tailles puis attachées par des liens de coton coloré. La couleur du lien et le nombre de tours indiquaient la qualité. Un cordon vert à 22 tours signalait les plumes les moins chères, un cordon rose à 65 tours désignait les meilleures. Cela n'empêchait pas certains commerçants peu scrupuleux de dissimuler des plumes de mauvaise qualité à l'intérieur des fagots de prestige ! Chaque botte contenait vingt-cinq plumes. Quatre bottes faisaient un cent, lié à nouveau avant d'être mis en caisse, en panier ou en tonneau avant l'expédition.

Au XVIIIe siècle, on importait des plumes de Norvège et d'Irlande mais les meilleures restaient celles de la baie d'Hudson, réputées pour leur dureté et leur qualité. De véritables "entreprises plumassières" se développèrent en Pologne, en Poméranie et en Lituanie. Les plumes étaient recueillies par les gens des campagnes et les conducteurs des troupeaux d'oies. Celles qui tombaient seules entre mai et juin à la période de la mue étaient préférées à celles qu'on prélevait sur les "animaux sacrifiés".

L'Allemagne se spécialisa dans l'apprêt des plumes. Un commerce très important se développa à Düsseldorf. Au XIXe siècle, toujours en Allemagne, on inventa une machine capable de lier jusqu'à 24 000 plumes par jour ! N'entrait-on pas dans une ère quasi industrielle à laquelle la plume d'oie ne pourrait survivre ?

Dans cette miniature de Madame Doucet de Surini, *Femme écrivant* (XVIIIe siècle), on distingue un encrier "à pompe" conçu pour fournir, au fur et à mesure des besoins, l'encre dans un minuscule godet. L'encrier dispose aussi d'un logement pour une plume supplémentaire.

Nous promettons selon nos espérances et nous tenons selon nos craintes.

Les chiffres étaient impressionnants : dans les années 1830, la France importait annuellement de 80 à 100 tonnes de plumes. La maison Léglize, Belliard et Cie spécialisée dans "les plumes à écrire, plumes à lit, duvets et laines à matelas" installée à Fleurance, dans le sud-ouest de la France, éprouvait pourtant de grandes difficultés à obtenir sa matière première. Les commerçants polonais, allemands et "bohémiens d'Europe centrale", qui détenaient un quasi-monopole, rendaient les approvisionnements extrêmement difficiles.

La concurrence était rude. Les voyageurs de la maison Léglize, Belliard et Cie devaient effectuer des tournées commerciales qui s'étendaient sur d'immenses territoires. Des Etats baltes à l'Italie, de Prusse jusqu'en Russie, selon les itinéraires, ces déplacements duraient de six à douze mois ! Cheval de selle, diligence, malle-poste, traîneau, bateau à aube sur le Rhin et le Danube, voilier ou vapeur sur la Méditerranée... "Il faut avoir un courage d'enragé et des jambes comme un lévrier", écrivait l'un de ces représentants en 1829.

Ce ne sont ni la plume ni l'encrier qui fascinent l'enfant dans cette toile de Chardin mais une minuscule toupie, "un toton", qu'il vient de lancer entre le pouce et l'index... deux doigts qui semblent tenir une plume invisible.

La table à écrire de la chambre à coucher de l'impératrice Joséphine au château de Malmaison dispose d'un encrier mais aussi d'une réserve de poudre pour sécher l'encre (pages suivantes).

La difficulté de se procurer de "bonnes plumes" n'était pourtant pas récente. Déjà, au XVe siècle, Venise avait subi une longue période de pénurie. Au XVIIIe siècle, afin de satisfaire sa consommation intérieure, la Prusse avait brusquement cessé toute exportation. A la fin du siècle, les greffiers se trouvèrent eux aussi rationnés ; une plume par jour, ni plus, ni moins !

Côté britannique, les idées ne manquaient pas. Dans *La Mémoire des Sergent-Major*, Lionel Van Cleem évoque diverses inventions, dont celle de Joseph Bramah qui mit au point en 1809 une machine à "multiplier les plumes". En fait, il découpait le tuyau d'une plume en plusieurs morceaux. Selon la taille, il obtenait "ainsi 4 ou 6 becs de dimension et de forme plus ou moins comparables à celles des plumes métalliques". Il suffisait ensuite de fixer la plume sur un porte-plume spécifique.

Charles Watt de son côté imagina "de conférer une belle longévité à la plume d'oie en la recouvrant d'une pellicule d'or..."

Ces nombreuses tentatives d'adaptation de la plume d'oie à l'ère industrielle montraient en tout cas qu'il lui était bien difficile de répondre aux nouveaux besoins. Pénurie, usure rapide, nécessité quasi permanente de la "rafraîchir" se révélaient des handicaps bien difficiles à surmonter. Au Parlement belge, par exemple, pendant les sessions, un employé se consacrait exclusivement à la taille des plumes... En 1878, l'institution passa à la plume métallique.

Discrètement, celle à qui Alexandre Dumas avait juré fidélité, celle que Victor Hugo hissait au rang d'inspiratrice – "elle a la légèreté du vent et la puissance de la foudre", écrivait-il – allait disparaître sans faire de bruit.

Goethe utilisait le crayon car il n'aimait ni la plume d'oie, ni son crissement sur le papier. Lorsqu'il s'agissait d'écrire à l'encre, c'est son secrétaire qui s'en chargeait, comme le montre ce tableau de Joseph Schmeller.

"Le Nouveau Mentor Anglais", l'une des nombreuses méthodes d'écriture à la plume d'oie qui se maintiendront au XIXe siècle, malgré l'avènement de la plume métallique... Position du corps, tenue de la plume complètent un large choix de "pièces d'écriture" et d'exercices calligraphiques.

Dans la "Grande Armée", les soldats qui savaient écrire se procuraient un papier à lettre très peu onéreux et souvent orné du portrait de l'empereur. Les soirs de batailles, ils pouvaient ainsi raconter leurs faits d'armes à leur famille.

Pierre Garbail
canonié au 1me Raigimant
dartilirie marine
6me Batalion 1me Conpagnie

Reichelsaheim 1 avril 1813

Ma chair et tendre épouse

Je técrist cette lettre pour la segonde
pour te faire savoir lautat de ma santé
je me porte bien dieu merci je desire que la
prai sante te trouve de même je te dirai
que je suis bien chagrain étonné
de ne pas avoir recu de reponse a Mayance
Comme je la vai prié de me rerir a ma
yanta sert asuré done que sa me donni
... gouvernt de la

Avant les plumes métalliques, il y eut, au XIXe siècle, des boîtes de plumes d'oie. Les plumes entières, "taillées à la main", étaient livrés prêtes à l'emploi. Les "becs" nécessitaient l'usage de porte-plumes spécifiques.

Image d'un bureau où s'amoncellent parfois papiers froissés et dossiers ouverts, la presque totalité non seulement de la littérature occidentale mais aussi de la musique, des sciences et des techniques, plus de mille ans de savoir et de connaissances ont été tracés, dessinés, inscrits sur le parchemin ou le papier avec une simple plume d'oiseau.
Datant du XIXe siècle, ce tableau d'Henri-Pierre Danloux, représentant Jean François de la Marche, reste étonnamment contemporain. Il est le juste reflet de nos bureaux modernes.
En filigrane : une carte commerciale de la manufacture de tapis de Tournay. L'écriture est hésitante, presque enfantine, les pleins et déliés sont incertains et les arabesques maladroites...

Aujourd'hui encore, la plume d'oie reste le symbole de la belle écriture et de la littérature classique. Ne dit-on pas "prendre sa plus belle plume" lorsque bien au-delà de l'outil il s'agit de transmettre un message personnel, de s'appliquer tant dans la forme que dans le style ? Certains éditeurs ont adopté la plume d'oie comme emblème et c'est encore elle qui désigne les kiosques à journaux. Totalement anachronique, son dessin est encore compris de tous ! Depuis peu, le renouveau de la calligraphie entraîne la plume dans son sillage. Le plaisir de sa légèreté, de sa tenue en main séduisent de plus en plus de maîtres – et d'apprentis – calligraphes. Celle qui avait disparu des papeteries depuis plus d'un siècle y reprend sa place. On peut en effet acquérir de vraies plumes d'oie pour s'exercer à l'écriture "gothique", à la "caroline" et retrouver, dans cet étonnant instrument venu du ciel, les sources de notre mémoire.

Mille ans de plumes, ça laisse des traces...

CASE

ROUGE
VIOLET
DRYINK
POWDER
ENCRES
CONCENTRÉES EN POUDRE
JEFFA
Laboratoires JEFFA, Colombes.
Poudre
BELLENCRE
EN CUBES
POUDRE
BELLENCRE
EN CUBES
J.M. PAILLARD
ENCRE COMPRIMÉE
PARIS
ENCRE NOIRE
Guy BRAC
FABRICANTS
A LIMEYRAT
(DORDOGNE)
EXTRA CONCENTRÉE

D'encre et de papier

Il existe mille manières de composer un décor d'écriture mais le plus souvent, sur le bureau, le pupitre ou l'écritoire, au milieu de nombreux accessoires, certains objets ou matières tiennent une place essentielle.

Monumental ou discret, l'encrier est au cœur du dispositif ; régulièrement, la plume vient y étancher sa soif. Quant au papier, angoissant lorsqu'il est vierge, rassurant quand les mots s'y déposent, depuis plus de cinq siècles, en Occident, il partage avec l'encre la lourde responsabilité de la conservation de l'écrit.

L'encrier, réservoir de nos pensées

A portée de main du scribe égyptien, puis de l'écolier romain, sous des formes très diverses, l'encrier accompagna chacun des pas de notre histoire de l'écriture. A l'époque médiévale, dans le décor ascétique du scriptorium, il n'était pas question de donner au "cornet" – corne animale qui contenait l'encre – quelque apparence précieuse. Tout au contraire, chez les puissants et les monarques, l'objet avait fort belle allure. Dans l'inventaire des biens de Charles V, on découvre "un grand cornet d'argent émaillé de vert" et plusieurs autres en "argent doré et gravés de fleurs de lys". Dans celui de Catherine de Médicis, il s'agit cette fois d'un "encrier façon ébène".

Au cours des siècles, suivant les raffinements et les évolutions des différents styles, de véritables "encriers-sculptures" accompagnèrent les éléments de mobilier royal. Sous Louis XIV, ils étaient en bronze doré, en argent, en marqueterie, en bois de rose. Au temps de Louis XV, ils étaient montés en cuivre doré ou en argent. L'époque de Louis XVI vit l'avènement des faïences – monochromes à Deft, polychromes à Nevers, à Moustiers, à Rouen et à Strasbourg.

Pour se moquer des officiers ministériels et autres hommes de loi – dont l'encrier symbolisait le pouvoir –, le théâtre n'hésita pas à se servir de l'effet comique du scripteur malhabile que l'on veut ridiculiser : "Fi le vilain homme, il a renversé tout son cornet !" s'écriait-on sur scène au XVIIe siècle. Il était bien facile d'invoquer la maladresse humaine mais le cornet avait lui aussi sa part de responsabilité : il n'offrait pas toujours les meilleures garanties de sécurité.

Les fabricants ont imaginé différents conditionnements de l'encre. Parmi eux, l'encre en poudre ou en cristaux, destinée aux grands consommateurs (écoles, administrations). On mélangeait le contenu du tube ou du sachet avec un litre d'eau – chaude ou froide selon les produits. La bouteille qui recevait l'encre était souvent équipée d'un bec verseur (en bas à gauche).

La symétrie parfaite de cet encrier dit "inversable" lui permet d'être posé dans plusieurs positions sans laisser couler l'encre (en haut).

On commença donc par réduire l'ouverture de l'encrier. Puis, afin de limiter l'évaporation et d'améliorer la conservation de l'encre, on le garnit de coton. En 1735, Baradelle, ingénieur du roi, imagina des encriers "hermétiques". "Les encriers baradelle conservent l'ancre (sic) plusieurs années sans se sécher ni s'épaissir et sans y mettre du coton car ils sont fermés comme hermétiquement." Signe indiscutable de succès, le "baradelle" prit le nom de son inventeur.

Un demi-siècle plus tard, le sieur Pochet soumit à l'agrément de l'Académie royale des sciences son modèle d'encrier économique "capable de fournir pendant dix ans de suite une encre du plus beau noir, fixe, luisante, inaltérable, sans bourbe et sans jamais former, à la surface, ni moisissure, ni champignon".

Face à de telles performances, il semblait difficile de faire mieux, et pourtant, en pleine Révolution française, les premiers encriers à pompe firent leur apparition. Selon le sieur Salmon, marchand à Paris, rue Dauphine, "ils étaient réclamés depuis très longtemps pour remplacer dans les tiroirs de tables ou les secrétaires ceux en cuivre où l'encre se décompose".

Les modèles en question disposaient d'une colonne contenant l'encre et d'un minuscule godet apparent. En remontant ou en descendant un piston de porcelaine, on asséchait ou alimentait le godet à volonté.

Avec le XIXe siècle débuta un véritable âge d'or de l'encrier. Dès 1830, ce fut la vogue des "Vieux Paris", des modèles en porcelaine, qui développaient une incroyable diversité de thèmes parmi lesquels, des scènes de la vie quotidienne – femme à sa toilette, buveur adossé à un tonneau – ou bien des évocations historiques souvent liées à Napoléon – victorieux à Arcole, ou bien déchu et en exil.

Il existait aussi de nombreux encriers-fantaisie en bronze. Dans le *Journal des dames et des modes* de juillet 1822, "le puits" est ainsi décrit : "L'encre est au fond et les deux petits seaux qui en sortent contiennent l'un du sable d'or et l'autre des pains à cacheter transparents."

Deux couleurs d'encre en un seul encrier, c'est ce que proposait ce modèle en faïence de Lille au XIXe siècle.

Avec l'expédition d'Egypte se développa dans tous les domaines une véritable "égyptomanie". Cet encrier en pâte de bronze datant de 1802 et créé par Chanou en est l'illustration. Les hiéroglyphes en or qui l'ornent garderont encore vingt ans leurs secrets. Il faudra attendre 1922 pour que Jean-François Champollion perce enfin les mystères de la pierre de Rosette.

Quantité d'inventeurs plus ou moins réalistes déposaient des brevets tendant à créer l'encrier idéal. De leur côté, les grands papetiers parisiens mettaient un point d'honneur à proposer les plus originaux des modèles. Dans la revue *Le Magasin pittoresque*, la description d'un encrier de bois, sculpté par Gayonnet et vendu par Maquet, est impressionnante : "Le plateau dans lequel est creusé l'encrier est une espèce d'emplacement marécageux, isolé de tous côtés par des branches d'arbres. Deux canaux de peu de profondeur, et destinés à recevoir plumes et crayons, se courbent en parties de cercle dans la longueur du meuble. Des tiges de convolvulus, de renoncules et de graminées des marais rampent et promènent leurs légers feuillages à la surface du sol... Sur le devant de l'encrier, un crocodile semble sortir d'entre les plantes bordant le plateau et à quelque distance on aperçoit une grenouille rampant sur les rocs..."

Il est vrai que l'objet était destiné à être présenté à l'Exposition universelle de 1855. Cela explique peut-être un tel souci du détail et une si grande recherche d'originalité. Devant un tel décor, pouvait-on encore se concentrer sur son écriture ?

A la fin du XIXe siècle, on fabriqua aussi de nombreux encriers de voyage, héritiers des "callemarts ou galimarts" qu'on portait au cou, ou à la ceinture au Moyen Age. Les plus simples étaient à baïonnette ou à double fermeture. Les plus originaux étaient des merveilles d'ingéniosité, en forme de pipe, de parapluie, de valise, de blague à tabac, de pistolet... Ils étaient bien difficiles à identifier tant les astuces pour dissimuler la réserve d'encre mais aussi le porte-plume étaient nombreuses.

Dans *Histoire d'une tache d'encre*, l'écrivain Henri Coupin s'en veut d'avoir succombé à leurs charmes éphémères : "Quand on les achète, ils sont jolis, luisants, souvent couverts d'une belle peau bien soignée. Quelques jours après, il sont devenus abominables, tout tachés, dégoulinant d'encre par toutes les fentes."

Aigle et angelot sont les gardiens d'un encrier en porcelaine (fin XVIIIe) de la manufacture de Dugaty qui se trouve dans les collections du château de Malmaison.

Le baradelle nous dévoile ses secrets : le fond contient une réserve de poudre d'alun pour sécher l'encre sur le papier. Au-dessus de l'encrier en forme de poire, un long tube divisé en deux fait office de porte-plume et de portemine. En ivoire et marqué du poinçon des fermiers généraux, ce remarquable objet date de 1781.

En dépit de qualités d'utilisation quelque peu discutables, ces nécessaires de voyage étaient les plus séduisants des accessoires de l'écriture. Ils restèrent en usage jusqu'à l'arrivée du stylo-plume – qui, pour la première fois, rassemblait dans un seul corps la plume, le porte-plume et l'encre.

Face au stylo, l'encrier aurait dû perdre toute raison d'exister.
Et pourtant, la plupart des boutiques proposent aujourd'hui des modèles d'encriers sans cesse plus nombreux. Encriers d'école en faïence blanche, encriers de bureau en verre ou de voyage en laiton voisinent avec les rééditions d'encriers du passé ou des créations contemporaines.

De grands noms de la joaillerie et de l'écriture n'hésitent pas à maintenir la fabrication d'encriers de prestige qui accompagnent les stylos-plume dans de somptueux écrins : encrier Cartier en cristal et or, encrier de bureau Montblanc en résine et cristal, encrier Namiki ou Cross, Lalique ou Caran d'Ache...

L'encrier demeure l'un des objets symboliques de l'écriture à la main. Présent sur bon nombre de bureaux, il fait partie des acteurs immobiles que le regard a plaisir à rencontrer lorsqu'on écrit. Utile pour les amateurs de stylos-plume à remplissage par piston ou pour les amoureux du porte-plume, il n'en demeure pas moins un véritable compagnon d'écriture : on l'ouvre, on le regarde, on le remplit. Au moindre rayon de soleil, on guette à travers le cristal la trace de l'encre qui s'abaisse, signe de notre pensée qui progresse.

La tradition de l'encrier s'exprime parfois sur des papiers à lettres, comme sur ce dessin en-tête conservé dans les précieuses archives du joaillier Cartier. La présence des deux singes repose-plume témoigne de l'influence orientale chère à la prestigieuse maison parisienne.

Lorsqu'on évoque l'école du temps passé, l'encrier en faïence fait partie des premiers objets qui viennent à l'esprit. Pourtant l'encrier d'école prit de multiples apparences. D'abord prisonnier d'un bloc de liège qu'on posait à même le bureau, il se fit ensuite une place spécifique sur le pupitre. Cette série à couvercles en cuivre, en laiton ou nickelée illustre la diversité des modèles dont certains en plomb ou en fonte d'aluminium étaient totalement fixés à la table.

TROÏKA
DÉPOSÉ

La belle disparue

Lorsque Teilhard de Chardin écrit que "c'est de l'alliance du tanin et du sulfate de fer que dépend notre mémoire", il nous laisse imaginer les incroyables répercussions d'une simple formule chimique sur l'histoire de l'humanité !

Dès que les hommes quittèrent les tablettes d'argile et les inscriptions cunéiformes des origines, il leur fallut inventer un nouveau "médium". Le calame égyptien, le pinceau chinois – les nouveaux outils cursifs – avaient grand besoin d'un carburant. Alors, par le plus mystérieux des hasards, à des milliers de kilomètres de distance, on créa en Occident, comme en Orient, des encres aux composants presque identiques : le noir de fumée, délayé dans un suc végétal et aromatisé au musc et au camphre.

D'abord, on privilégia la permanence de la trace. L'encre, issue de pains solides qu'on broyait et diluait dans l'eau, devait avoir une parfaite stabilité ; ce fut au détriment de la fluidité. A la fin de l'époque antique, les matières taniques et le fer s'affirmèrent comme les principaux constituants de l'encre désormais liquide. L'écriture prenait enfin de la souplesse.

Tonnelet sur le dos, entonnoir et doseur à la ceinture, plumes en main, il arpente les rues. "A ma bonne encre !" s'écrie-t-il... Petit métier de Paris à la fin du XIIe siècle, c'est le marchand d'encre !

Les diverses étapes de la fabrication de l'encre de Chine révélées dans une gravure du XIXe siècle (en haut, à droite).

Durant tout le Moyen Age, de nouvelles variétés d'encres apparurent. Les noires étaient utilisées pour la rédaction des textes et les rouges – rubica – à base de cinabre, réservées aux têtes de chapitre et aux lettrines. Quelques rares documents sacrés furent même rédigés sur parchemin pourpre avec des encres à base d'or ou d'argent.

Les écoliers et les étudiants avaient eux aussi besoin d'encre. Pour en découvrir les diverses compositions, il leur suffisait de feuilleter le *Ménagier de Paris* – un ouvrage daté de 1393. Recettes d'encre et de cuisine y faisaient bon ménage !

Certaines formules, presque magiques, nous apprennent qu'à partir de bleuets on pouvait obtenir une encre bleue et qu'une préparation à base de lierre donnait une encre de couleur carmin. Parmi les petits métiers de la capitale, il y avait "le marchand d'encre". Ce que renfermait son tonneau était sûrement de l'encre à base de noix de galle, d'oxyde de fer et de gomme arabique, une encre dite complète qu'on connaissait depuis le XIIIe siècle et qui convenait parfaitement à la plume d'oie.

En 1898, les encres Pélikan lancèrent un concours d'affiches qui eut un incroyable succès. Les œuvres furent exposées dans plusieurs villes d'Allemagne et le concours fut plusieurs fois reconduit. Cette série de vignettes illustre la créativité et la diversité graphique de plusieurs décennies de publicités.

"Pelikan"-Tuschen
GÜNTHER WAGNER
KÜNSTLERFARBEN-FABRIKEN
HANNOVER UND WIEN
Pelikan
Füllhalter
GÜNTHER WAGNER
PELIKAN-TINTE
Günther Wagner
Hannover Wien
Pelikan
Tinte
GÜNTHER WAGNER
PELIKAN-FARBEN
GÜNTHER WAGNER
KÜNSTLER-WASSERFARBEN
Pelikan-
TINTE
Pelikan-Tinte
GÜNTHER WAGNER
"Pelikan"
Kohlenpapier
GÜNTHER WAGNER
"Pelikan"-Tuschen
GÜNTHER WAGNER
KÜNSTLERFARBEN-FABRIKEN
HANNOVER UND WIEN
"Pelikan"-TUSCHEN
GÜNTER WAGNER
"Pelikan"-Tinte
Günther Wagner
Hannover und Wien
"Pelikan"
Farben
GÜNTHER
WAGNER
Pelikan
Studien-Ölfarben
Dekorations-Ölfarben
Pelikan Tinte
Günther Wagner
Hannover & Wien
MODELLIERMASSE
NAKIPLAST
GÜNTHER WAGNER

Précision du geste, propreté parfaite... Verser l'encre dans l'encrier du maître ou des camarades de classe était une responsabilité confiée aux seuls "bons élèves". Sur cette affiche à la gloire de l'encre Gimborn, la noirceur du liquide – versé comme une liqueur précieuse – contraste avec le blanc du papier en attente d'écriture.

A l'avènement de la plume métallique, un nouveau besoin d'encres fluides se fit sentir. Dès 1834, le fabricant anglais Stephen sembla maîtriser la situation : "Voici la solution tant désirée et apparemment inaccessible : une solution qui rendra les lettres manuscrites aussi durables et indélébiles que les caractères gravés." Mais l'acier des plumes ne résistait pas aux assauts des encres ferro-galliques. James Perry proposa son "encre limpide". "Cette encre dont la fluidité est incomparable aura l'avantage sur toutes les autres encres de ne pas corroder les plumes de métal", affirmait-il.

On assista dès lors à la création de véritables entreprises industrielles d'encre et de cirages. Les deux productions étaient en effet liées – étymologiquement d'abord – encre et cire sont toutes deux issues du mot latin "encaustum", puis techniquement – les usines traitaient à la fois les deux produits qui disposaient de composants communs.

On entrait dans l'ère des grands fabricants : Stephen, Perry mais aussi Seelhoff's en Grande-Bretagne, Ancora en Italie, Antoine, Chevènement, Gardot en France, sans oublier la maison Herbin, fondée en 1670 et toujours en activité aujourd'hui. En 1871, en Allemagne cette fois, un chimiste du nom de Gunther Wagner, reprit une petite fabrique de peintures et d'encre. Il utilisa l'oiseau représenté sur son blason familial pour la baptiser : les encres Pélikan étaient nées. La marque, qui dans les années vingt, fabriquait plus de cent cinquante variétés d'encres, conserve encore aujourd'hui tout son prestige.

Les thèmes floraux furent souvent utilisés pour définir non seulement les couleurs mais aussi les parfums de l'encre. Ainsi Herbin créa l'encre "violette", la "myosotis", et la maison Antoine mit au point une encre parfumée réservée aux dames : "l'encre de la Marquise".

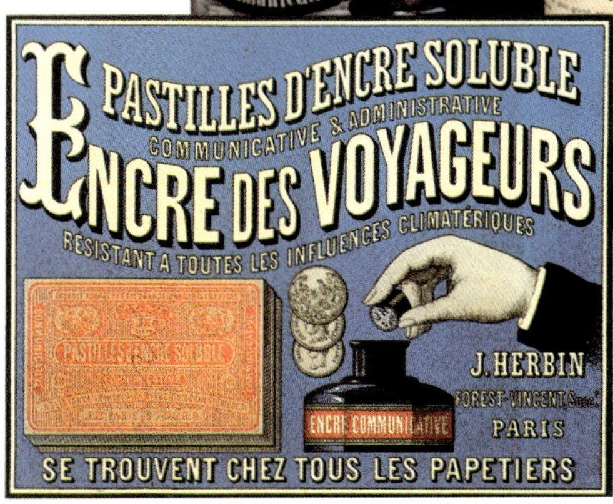

Bouteilles d'encre en verre et grès sur fond de document de la fin du XIXe siècle. Utilisant la puissance de la machine à vapeur, les ateliers des établissements Chevènement à Bordeaux élaboraient à la fois les "Encres de la grande vertu" et le cirage bordelais, dit "le Brillant".

ENCRES
MODERNE
NOIR FIXE INALTÉRABLE
ENCRE MODERNE
NOIR FIXE INALTÉRABLE
6 MÉDAILLES D'OR - 1 DIPLOME D'HONNEUR
6 GRANDS PRIX
Trois fois HORS CONCOURS (Membre du Jury)
ENCRE ÉCARL
NEW RED IN
ENCRE VERTE
PARIS
N.ANTOINE
FIXE INALTÉR
BLEUE FIX
ENCRE VERTE
BLUE BLACK
N.ANTOINE & FILS PARIS

Chaque encre avait un nom, une couleur, une fonction…"l'écarlarte" était rouge, la "pensée", violette et parfumée, "l'indienne" et "l'égyptienne" étaient noires, limpides et indélébiles, la bleu-noir écrivait bleu et devenait noire en séchant et la communicative permettait de rédiger plusieurs exemplaires d'un même texte. L'encre des voyageurs résistait à toutes les "influences climatériques" et la "perle des encres" d'un beau violet-noir était plus particulièrement destinée aux comptables.
Très sérieuse, l'encre des officiers ministériels était inaltérable.

A la fin du siècle dernier, avec le porte-plume-réservoir, le nouveau besoin d'encres encore plus fluides se fit sentir. Chaque marque – de stylos – préconisait exclusivement un carburant : le sien ! C'est pourquoi, dans les années trente, Parker lança la "Quink" – quick ink –, encre à séchage rapide. Elle disposait du "Solv X", un solvant-mystère qui lui conférait la fluidité nécessaire à l'usage stylographique. Waterman de son côté inventa une encre "incomparable pour porte-plume-réservoir et supérieure pour l'usage général". Le dessin de l'étiquette, mais aussi la forme du flacon – biseauté et inclinable selon les besoins – participèrent pour beaucoup au succès de "l'Encre Ideal Waterman".

Aujourd'hui, à l'époque du "flacon directement dans le stylo", nous voilà privés du contact direct avec le médium de notre mémoire. Le caractère pratique des nouveaux conditionnements de l'encre nous a peu à peu séparés d'elle. Quelque peu orphelins, n'avons nous pas oublié cette belle disparue, désormais captive à l'intérieur de cartouches anonymes. Serions-nous encore capables de reconnaître les qualités d'une bonne encre ?

Sitôt l'école terminée, bravant la présence du gendarme, l'enfant espiègle méprise les lois de l'affichage. Juché sur le dos d'un complice, il ne se contente pas d'écrire sur le mur, il le tache… La dijonnaise encre Gardot mérite-t-elle autant de transgressions ? C'est la meilleure, parole de cancre !

Selon les besoins, les encres étaient livrées en bouteilles de diverses contenances. Les flacons de petite taille se présentaient sous la forme carrée et disposaient d'un logement pour déposer le porte-plume.
Sur un bureau, ils faisaient un parfait encrier. La maison Antoine offrait à ses clients des boîtes en tôle lithographiée dont les illustrations nous laissent imaginer l'atmosphère des boutiques au début du siècle.

La trace et le temps

Nombreux sont encore aujourd'hui les calligraphes qui préparent eux-mêmes leurs encres. Ils savent qu'un produit de qualité médiocre peut réduire à néant des jours et des jours de travail. Témoin, cette lettre d'un scribe égyptien à destination de l'un de ses amis du Caire : "Je t'envoie un encrier, je te prie de me faire acheter un dirham d'encre de qualité supérieure, remplis l'encrier, scelle-le avec de la cire et renvoie-le moi par l'anier ; tu me rendras un grand service car l'encre que Faraj a achetée le jour où j'ai quitté le Caire est inutilisable."

Bien que datant de l'époque médiévale, ce message reste d'actualité. Une bonne encre est d'abord intense et doit parfaitement recouvrir le support d'écriture sans effet délavé. Elle doit s'y fixer, sans y pénétrer trop profondément. L'Espagne et l'Italie du XVIe siècle ont livré des exemples d'une telle qualité qu'on croirait certains ouvrages achevés d'hier, tant les couleurs sont encore intenses et profondes. Comparés aux écrits de Bossuet, de Boileau ou de Madame de Sévigné, pourtant beaucoup plus récents, les manuscrits de Machiavel ou du pape Léon X sont d'une étonnante fraîcheur.
La fluidité est la seconde grande qualité de l'encre. Elle lui permet de glisser le long de la plume, ou du calame ni trop vite ni trop lentement. Après un séchage nécessairement rapide, l'encre doit être capable de résister au temps, au vieillissement naturel, à l'humidité, aux moisissures et même à l'altération chimique: tendre vers l'indélébilité.

A la fin de XIXe siècle, nombreuses sont les marques qui multiplient l'exotisme des noms pour qualifier des encres somme toute bien françaises. L'encre Maurin est "syrienne" (ci-dessus), la Chevènement "indienne", l'encre Maquet est "égyptienne" et l'encre Antoine est "japonaise"...

Des expériences systématiques furent menées dans ce domaine au XIXe siècle. En 1842, après avoir testé des centaines d'encres différentes, M. Stareck concluait ainsi son article dans le journal du Franklin Institute : "aucune n'est totalement indélébile".

En 1856, l'Académie des sciences de Paris constata pour sa part que certaines encres étaient pourtant tout à fait capables de résister aux agents chimiques. Mais en 1888, A. Fallières, le garde des Sceaux de l'époque, s'inquiéta de la conservation des écrits publics. Il voyait se généraliser l'usage de l'encre à base d'aniline, peu onéreuse, mais dont "l'espérance de vie" était bien faible.

La circulaire ministérielle précisait qu'une encre de Chine, ou même au tanin et au sulfate de fer, conviendrait beaucoup mieux pour la rédaction des documents officiels. La maison Antoine proposa une solution : "l'encre de l'Etat-Civil". Le fabricant voulait non seulement rassurer les ministères et les administrations, mais aussi convaincre les notaires de la supériorité de son encre pour la rédaction des actes. On le sait, certains écrits engagent pour longtemps, des siècles parfois !

Typique d'une écriture à la plume d'oie du début du XIXe siècle, ce courrier du peintre Carle Vernet rompt avec ce que nous connaissons des encres anciennes et de leur vieillissement. L'encre bleue a conservé toute sa fraîcheur et le trait toute sa douceur (page ci-contre).

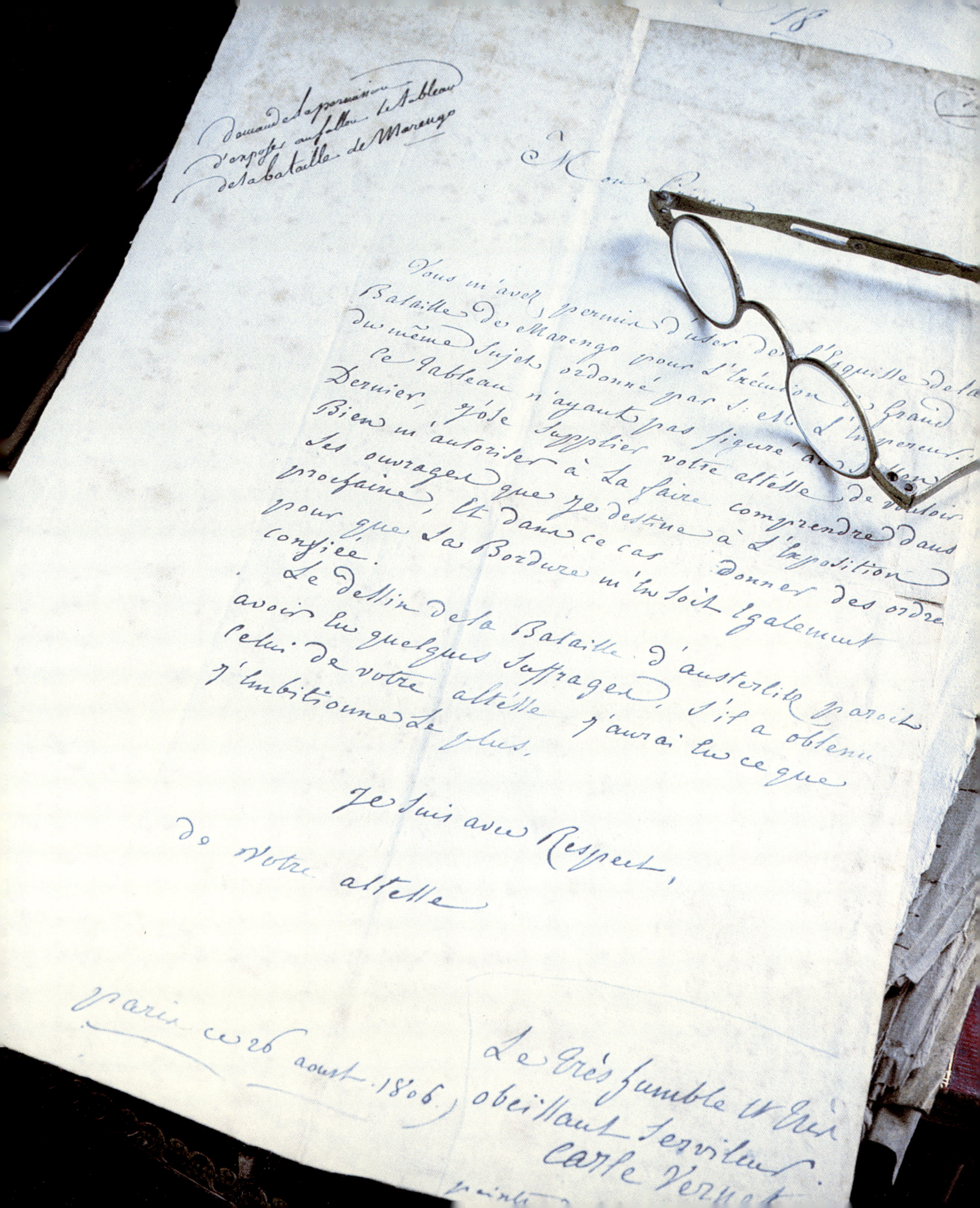

18

demande de permission d'exposer au salon le tableau de la bataille de Marengo

À Mon Seigneur

Vous m'avez permis d'user de l'Esquisse de la Bataille de Marengo pour l'exécution du grand du même sujet ordonné par S. M. l'Empereur. Ce tableau n'ayant pas figuré au Salon Dernier, j'ose supplier votre altesse de vouloir Bien m'autoriser à la faire comprendre dans les ouvrages que je destine à l'Exposition prochaine, et dans ce cas donner des ordres pour que sa Bordure m'en soit également confiée.

Le dessin de la Bataille d'Austerlitz paraît avoir eu quelques suffrages, s'il a obtenu celui de votre altesse j'aurai eu ce que j'ambitionne le plus.

Je suis avec Respect,
de votre altesse

Paris ce 26 août 1806,

Le très humble et très obéissant serviteur.
Carle Vernet
peintre

Écrivant à la plume métallique sur un carton fort, Pierre Loti s'inquiète de l'état de santé d'un des membres d'équipage du *Lutetia*, le navire sur lequel il est officier. S'adressant à l'épouse du malade, il lui recommande de lui "dire si le 22e jour de maladie est passé, car c'est toujours le plus grave"... Bien que parfaitement lisible, le second courrier a perdu ses couleurs : il est écrit sur papier.
Fait extrêmement rare, l'écrivain a signé de ses deux noms : Viaud et Loti.

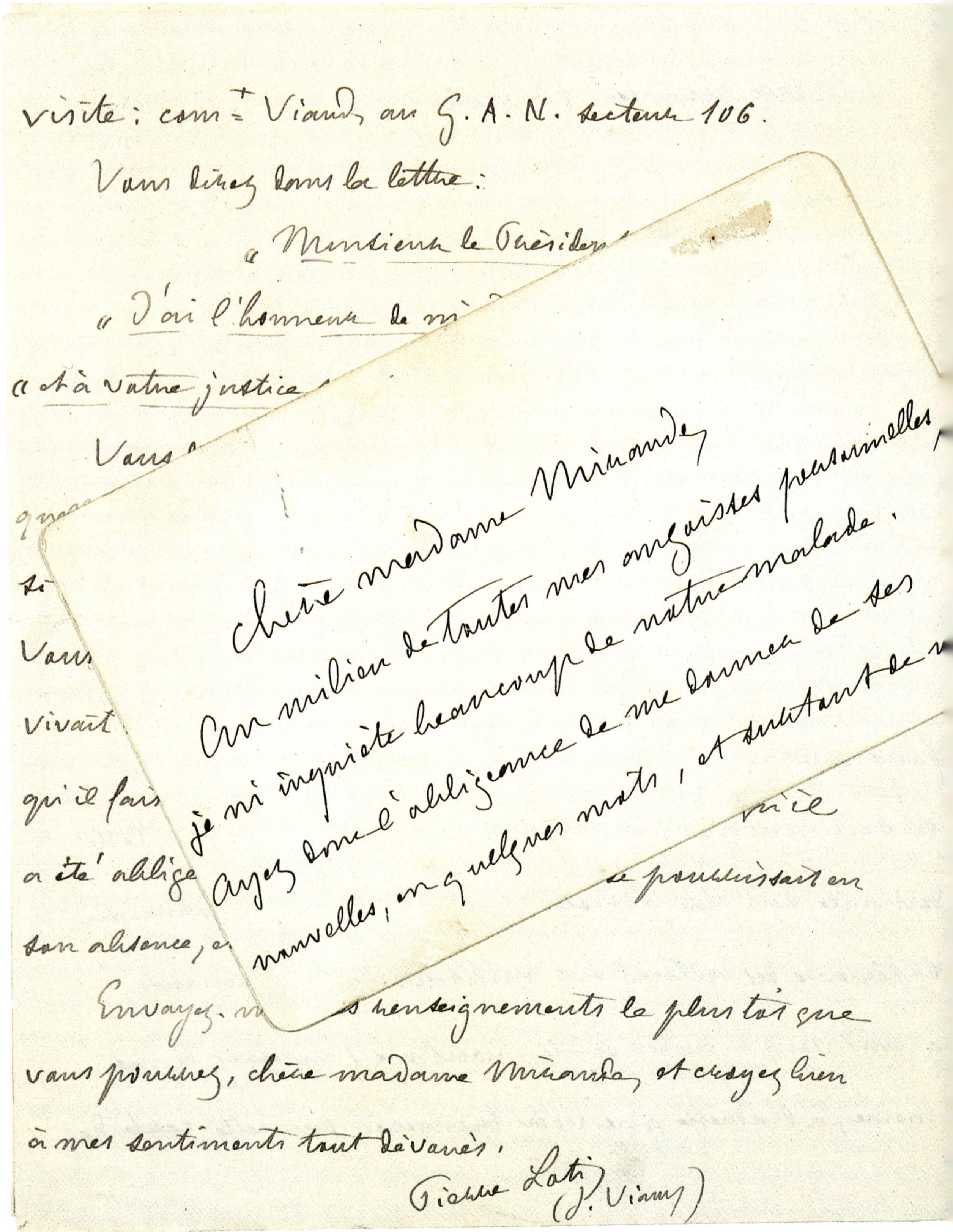

Chère madame Mirande
Au milieu de toutes mes angoisses personnelles,
je m'inquiète beaucoup de votre malade.
Ayez donc l'obligeance de me donner de ses
nouvelles, en quelques mots, et surtout de

visite : comt Viaud, au G. A. N. secteur 106.
Vous direz dans la lettre :
« Monsieur le Président
« J'ai l'honneur de
« et à votre justice
Envoyez-... renseignements le plus tôt que
vous pourrez, chère madame Mirande, et croyez bien
à mes sentiments tout dévoués.
Pierre Loti
(J. Viaud)

Quel honneur, pour cette encre symbole de permanence et de durabilité, que d'être choisie pour rédiger le traité de paix de Versailles en 1919. L'encre fut effectivement durable, on ne peut pas en dire autant pour la paix !

Plus énigmatiques et mystérieuses, destinées à la disparition contrôlée sont les encres dites "sympathiques". Dans son *Art d'aimer*, le poète Ovide préconisait déjà leur usage pour tenir secrètes les correspondances amoureuses. Le naturaliste Pline l'Ancien délivra même une recette à base de lait qu'il suffisait ensuite de saupoudrer avec du charbon ou de la suie pour que le texte invisible puisse enfin apparaître. Plus près de nous, en 1653, le chimiste Pierre Borel préconisa la formule d'une encre, à réaction chimique. Il s'agissait d'écrire avec de l'acétate de plomb, un acide sulfhydrique se chargeant de la révélation de l'encre.

Nombreuses sont les recettes d'encres sympathiques. Il y a l'encre capable d'apparaître et de disparaître quatre fois de suite, celle qui selon les substances révélatrices peut changer jusqu'à trois fois de couleur. Les feuilles de "souci", trempées huit heures dans l'acide acétique, créent un liquide incolore qui peut apparaître vert, jaune, rouge ou violet : magique ! Pour les encres domestiques des "petits chimistes", l'oignon, le citron, le lait permettent eux aussi la réalisation d'écritures invisibles ; les révélateurs en sont le plus souvent l'eau, la chaleur, les rayons solaires... De quoi alimenter les rêves des jeunes filles et les blocs-notes des espions en herbe !

Sympathique ou pas, l'encre fait partie de notre personnalité. Au jeu des couleurs, chacun a ses habitudes : violette pour les nostalgiques de l'enfance, marron pour accélérer le temps et donner de l'âge aux écrits, bleu des mers du Sud pour la transparence et l'exotisme, noire pour la sévérité ou le contraste parfait avec le papier... tels sont les signes discrets que nous ajoutons à la pointe de nos plumes.

De tout temps, l'encre fut l'amie des écrivains. Gérard de Nerval préférait le rouge, Alfred de Vigny le bleu, Balzac parlait de son "torrent d'eau noire" et Victor Hugo s'aidait de l'encre pour dessiner de véritables hallucinations graphiques qui peuplaient certains de ses poèmes. Quant à Giono : "Je laisse l'encrier débouché, disait-il, l'encre s'oxyde et devient extraordinairement noire."

Quelle qu'en soit la couleur, l'encre, on le sait, révèle bien plus que des signes. En 1940, dans le document paru à l'occasion du centenaire des établissements Antoine, l'auteur nous entraîne au cœur de l'écrit : "les documents... paraissent si récents, animés encore de la vie, de la palpitation de la main qui les traça : la main de maître François Rabelais, s'inscrivant à la faculté de médecine de Montpellier, la main de Louis XIII signant une page qui garde la trace de ses larmes, le suprême adieu de Marie-Antoinette à ses enfants ou Robespierre timbrant malgré lui de son sang un ordre ultime et vain..." Les grandes pages de l'Histoire s'écrivent ainsi : d'encre, de larmes et de sang.

Depuis les années trente, le flacon d'encre Waterman "Tip Fill" continue sa longue carrière. Il a plusieurs fois changé d'étiquette mais jamais de forme. Grâce à ses facettes, il est inclinable et l'on peut ainsi utiliser la totalité de l'encre. Attaché au bout d'une ficelle, il a accompagné des générations d'étudiants qui gravaient leurs initiales sur son capuchon en aluminium.

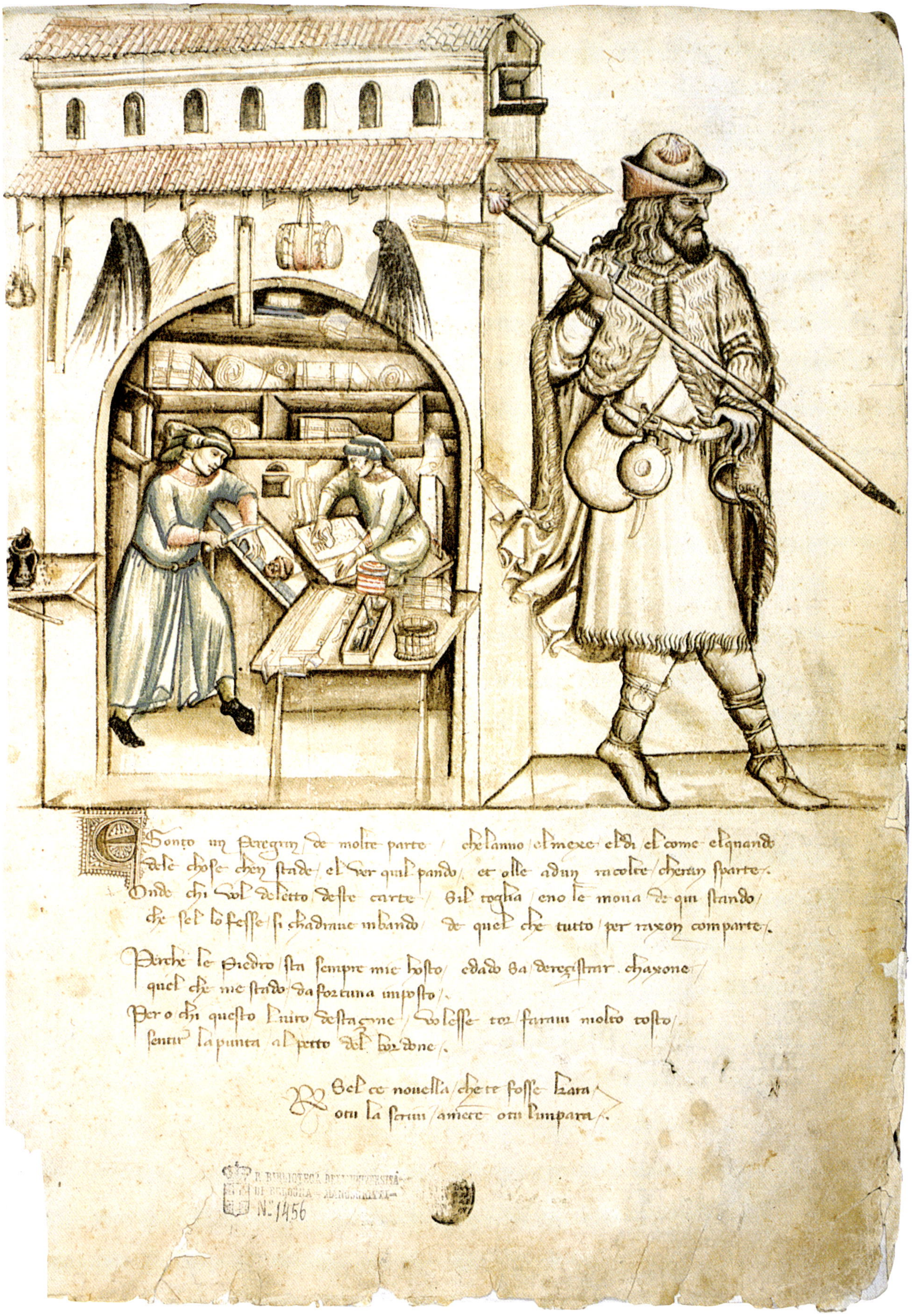

Sonto un peregrin de molte parte / che lanno el mexe el di el come el quando
dele chose chen stade el ver qui spando / et olle adun racolte cheran sparte.
Onde chi vol diletto deste carte / sil togha e no le mova de qui stando
che sel lo fesse si chadirave in bando / de quel che tutto per rixon comparte.

Perche se piedro sta sempre mie hosto / e dado ha deregistrar chaxone
quel che me stado da fortuna imposto.
Pero chi questo libro destagone / volesse tor farami molto tosto
sentir la punta al petto del bordone.

Sel te novella che te fosse kara
oti la scrivi a mete oti limpara.

Le papier du marquis Tsaï

On retrouve les premières traces de papier dans les tombes royales chinoises plus de deux siècles avant que Tsaï Loun, haut fonctionnaire à la cour impériale, en officialise la naissance, en l'an 105 de notre ère. Le " papier du marquis Tsaï " était né.

Quel progrès que ce nouveau support de l'écriture, léger, pliable, peu encombrant, fin et malgré tout solide. Les guêpes fabriquaient une pâte à partir de l'écorce de certains arbres ; les hommes firent de même avec le mûrier mais aussi avec les débris du chanvre et les vieux chiffons.

Grâce au papier, dans le grand empire, petits et grands, riches et pauvres, adoptèrent l'art de la belle écriture, plus de mille ans avant l'Occcident. Mais l'Asie restait isolée du reste du mondeet ce n'est que par la contrainte que le grand voyage du papier allait s'effectuer...

Au VIIIe siècle, la bataille de Talas près de Samarkand, plaque tournante du papier dans le Turkestan, voit la victoire des troupes du calife de Bagdad. Parmi les prisonniers chinois, nombreux sont papetiers… Le résultat ne se fait pas attendre, sous Haoun al-Rachid – le calife des *Mille et Une Nuits* – apparaît à Bagdad la première fabrique de papier du monde islamique. Les Arabes sont des nomades, l'usage du nouveau support de l'écriture se répand : Damas devient rapidement célèbre pour ses plumes, ses encres mais aussi ses papiers.

Il serait hâtif de ranger le parcheminier parmi les métiers disparus. Il existe encore quelques spécialistes de cette noble tâche. Celui-ci est à Levroux dans l'Indre et produit encore deux cents parchemins par mois.

Au IXe siècle, c'est l'arrivée en Egypte, la grande terre du papyrus. Là aussi le papier s'installe en maître. L'Afrique du Nord suit le mouvement. A Fès, à la fin du XIIe siècle, on dénombre près de quatre cents moulins à papier !

Pendant ce temps, l'Europe résiste à l'islam, aux infidèles et au papier. On connaît son existence mais on reste méfiant. De plus, à côté du parchemin, le papier fait "pauvre", peu noble et périssable : le roi Roger de Sicile ordonne même que tous les documents copiés sur papier soient réécrits sur parchemin afin d'en assurer la "conservation effective".

Deux brèches vont cependant s'ouvrir. La première en Italie, où le papier pénètre au XIe siècle par la Sicile. Venise et Gênes s'ouvrent à ce nouveau produit venu d'Orient et, dès 1250, les négociants du pays créent un important centre papetier à Fabriano, dans la province d'Ancône. L'autre brèche se situe en Espagne où, après la *Reconquista*, le roi Pierre III d'Aragon autorise les papetiers, pour la plupart juifs ou sarrasins, à continuer d'exercer leur métier.

Une fois les Pyrénées franchies grâce aux marchands catalans, la vague déferle dans tous les pays d'Europe. Au XVe siècle, ce support de l'écriture manuscrite mais aussi imprimée, révolutionne le savoir...

En Italie, dans la boutique d'un marchand de parchemins au XVe siècle. L'un des ouvriers découpe les peaux, le second est en train de gommer les impuretés d'une feuille. Sur les étagères, divers rouleaux et pages déjà pliées attendent les clients laïcs ou religieux.

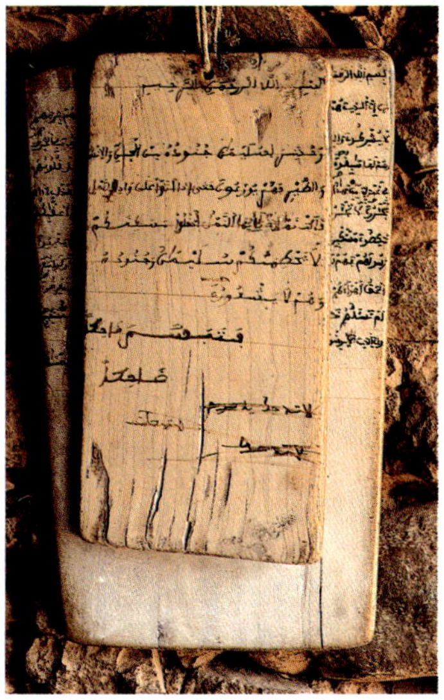

Enduite d'une couche de glaise durcie, cette petite planche en noyer utilisée par les enfants berbères représente un excellent support pour le calame. L'encre utilisée est issue de laine de bélier .

Du linge au bois

Aujourd'hui, le papier est en presque totalité fabriqué à partir de bois, lavé, réduit en copeaux puis défibré mécaniquement ou chimiquement. Au cours des siècles, tout ou presque servit à sa fabrication. En Occident, ce furent les vieux chiffons. L'usage du port de la chemise qui s'était développé au XIVe siècle ne fut pas étranger aux premiers pas de l'imprimerie. Seuls le lin et le chanvre permettaient cependant la fabrication de papier de catégorie supérieure. Quand le beau linge se faisait rare, la qualité s'en ressentait ! Dans la seconde moitié du XVIIIe siècle, on essaya la paille, le jonc, l'ortie, le houblon et même la guimauve !

Le pasteur allemand J. C. Scheaffer édita en 1772 un ouvrage composé à partir de soixante variétés de papiers différents, des plus traditionnels – chanvre, lin – aux plus insolites – racines, pomme de pin, genêt, pomme de terre.

On préféra cependant continuer à faire du papier-chiffon grâce à la nouvelle "machine à papier continu" inventée par le Français Louis Nicolas Robert en 1798 et construite en série par deux Anglais, les frères Fourdrinier. La machine en question effectuait à elle seule toutes les opérations de la fabrication – depuis la plongée de la forme dans la cuve jusqu'au séchage. Face aux moulins, peu à peu les usines s'imposèrent.

Dans les années 1860, le bois – considéré au départ comme un succédané du vrai papier – entama son irrésistible ascension. En vingt-cinq ans à peine, la pâte de bois, produite mécaniquement selon un procédé allemand, remplaça presque en totalité le papier à base de chiffons. Après la vapeur, dès la fin du XIXe siècle, de nouvelles sources d'énergie – électricité, gaz – accompagnèrent le développement de la production industrielle.

Aujourd'hui, pressage, séchage, traitement des surfaces sont effectués par des machines qui bénéficient des tout derniers perfectionnements. Les "tables plates" les plus récentes, atteignent neuf mètres de large, cent mètres de long et défilent à près de cent kilomètres à l'heure ! Ce sont là des chiffres vertigineux qu'auraient peine à imaginer les papetiers d'antan…

A l'aube du IIIe millénaire, les grands noms du papier ont pour la plupart opéré des regroupements à l'échelle internationale. Ils maintiennent cependant la fabrication – souvent artisanale – de beaux papiers. Au sein d'Arjo-Wiggins, les noms de Canson et de Montgolfier, d'Arches, de Johannot restent les ambassadeurs de la papeterie traditionnelle française. Chez International Paper, Aussedat-Rey et Lana conservent eux aussi un savoir-faire spécifique dans le domaine des papiers d'écriture.

Mémoire de cinq cents ans de tradition papetière, l'Auvergne abrite quelques-uns des derniers vestiges de la fabrication artisanale du papier à base de lin et de chanvre. Sous le poids des lourds maillets en pin, les chiffons soigneusement sélectionnés vont peu à peu retrouver leur "état originel" de fibre de cellulose. La pâte à papier ainsi obtenue donnera le papier pur chiffon. Le plus noble qui soit. L'art de l'écriture est aussi celui de la correspondance. Papiers filigranés et enveloppes précieuses nous invitent à prendre la plume (page ci-contre). En filigrane : en-tête de la papeterie Blanc à Paris (1934).

HIVERT, Succr
Papier Velin Perfectionné,
GRANDE RÉDUCTION DE PRIX
le Cahier
RELIURES
IMPRESSIONS
GRAVURES
RIVOLI
PAPIER

Ecris-moi encore ! J'aime tant
que tu m'écrives. Tes lettres sont pleines
d'un passé tout frais. Donne-moi
encore des nouvelles d'Hélène Berthelot.
Ce portrait de Renée Vivien, est-ce
celui de Lévy-Dhurmer ?

Depuis mon retour, j'ai
été rejointe par une crise si dure
d'arthrite que je ne suis qu'horizontale.
Viens me voir avec Lily ; si ce n'est
avec Germaine Beaumont. Fais mes
amitiés à Bizardel. Enfin répartis,
sur nous toutes et tous, ta grâce
impérissable et sa santé bien
équilibrée. Je t'aime et t'embrasse
tendrement

Ta Colette

Maurice est respectueusement
à toi

Territoires infinis

L'infini du papier, ce sont les mots qu'on y dépose. Mais ne nous y trompons pas, face à nous, même encore vierge, ce support de l'écriture est déjà un message. Certains d'entre nous ont besoin d'un cadre pour leurs écrits. Ils assoient les mots sur des lignes, s'appuient sur les " réglures Seyes ", celles-là mêmes qui accompagnèrent nos premiers apprentissages sur des cahiers d'écoliers. Utilisant les papiers sans aucun quadrillage, d'autres préfèrent conserver la liberté de choisir dans la page, leur propre construction de l'espace et de l'écriture.

On peut aimer des papiers simples ou leur préférer des papiers précieux, tels que Lalo les prépare. Au cœur de chaque feuille, par transparence, on découvre une trace invisible, véritable signature du grand papetier : le filigrane.

Chacun a ses formats privilégiés : pour certains, c'est l'irremplaçable cahier Clairefontaine à spirales sur lequel la plume glisse en douceur. Plus nombreux sont ceux dont les chemins d'écriture empruntent le désormais classique format A4.

Le papier n'est jamais totalement neutre. Il a un aspect bien sûr mais aussi un poids – le grammage – une tenue, un toucher, une couleur, parfois même un parfum. " glacé " lorsqu'il est brillant, " couché " pour être encore plus amoureux de l'encre, " vergé de luxe " aux parfaits filigranes, ou " vélin ", aussi mince que les plus fins parchemins. De même qu'on choisit son encre, on choisit son papier.

Imaginerait-on les mots de l'écrivain Colette autrement que sur papier bleu ? Que seraient les manuscrits de Marcel Proust sans " paperoles ", ces feuillets innombrables arrachés, ajoutés, collés à des cahiers d'écoliers à couverture cartonnée ?

Le papier est bien plus qu'un simple support pour les mots. " Certains jours, écrit André Gide, il me semble que si j'avais sous la main une bonne plume, de la bonne encre et du bon papier, j'écrirai sans peine un chef-d'œuvre." Laissons-nous aller à rêver d'un papier qui aurait le pouvoir de donner du talent...

Lettre sur papier bleu de Colette à Nathalie Barney, qui fut pendant cinquante ans sa "plus tutélaire amie". C'est parce qu'elle craignait la cécité que Colette utilisait un papier bleu. Le bleu repose l'œil, lui avait-on dit.

Filigrane du papier "Médaille", l'une des prestigieuses fabrications de la papeterie du Marais (à gauche).
Dans le secret des tiroirs de Smythson, à Londres, sont rangées des centaines de plaques en cuivre gravées à la main. Depuis plus d'un siècle, le grand papetier, fournisseur de la couronne d'Angleterre, élabore les plus subtils des supports de la correspondance (ci-dessus).

La Neige.

La plume métallique

L'hiver s'est posé sur Boulogne-sur-Mer et dans le froid du petit matin, à l'aube d'une journée de dix heures de travail, les ouvrières vont à l'usine.

Nous sommes en 1895 ; cela fait très exactement vingt ans que François Lebeau a transmis à ses deux gendres une fabrique de plumes, de minuscules plumes métalliques, de celles que l'on glisse à l'extrémité de son porte-plume.

Au coin de la rue qui traverse la voie ferrée, on s'attendrait à découvrir un atelier aux dimensions réduites, un lieu à la mesure de l'objet fabriqué, et l'on se retrouve face à un ensemble monumental de bâtiments industriels. On imaginerait sans peine y voir fabriquer des rails, des poutrelles, des machines à vapeur plutôt que des plumes.

L'enseigne qui s'étend sur le fronton de l'usine est cependant sans équivoque : "Etablissements Baignol et Farjon, Fabrique de plumes métalliques".

Des machines et des plumes

Chez Baignol et Farjon, en cette fin de XIXe siècle, ce sont plus de mille ouvriers et surtout ouvrières que l'on emploie à la fabrication des plumes métalliques. Dans la cour sont alignées, sous forme de rouleaux, des dizaines de tonnes d'acier brut de Sheffield, un acier réputé, issu des meilleurs minerais suédois et tout droit sorti de la célèbre maison anglaise "Jessop and Sons". Dans les ateliers, les femmes ont rejoint leur poste de travail. Etonnante image d'une industrialisation naissante, derrière les machines, certaines ouvrières conservent sur la tête la coiffe traditionnelle du pays boulonnais : La sirène s'est tue, tout le monde est en place ; le travail de fabrication de la plume métallique peut commencer ; une fabrication bien plus compliquée qu'il n'y paraît et qui suppose une rigoureuse succession d'étapes et de manipulations.

Tout d'abord, avec adresse et précision, afin de gaspiller le moins de métal possible, les ouvrières découpent les plumes à l'emporte-pièce. Déjà, par ce premier geste, l'objet prend forme. Vient ensuite le perçage : un "jour" apparaît au centre de la plume. Cet évidement au cœur du métal contribuera pour une grande part à la souplesse finale de l'objet.

Puis c'est le marquage qui permet l'identification. Dans un vacarme assourdissant, le "mouton en fonte" s'abat sur la plume comme un marteau sur l'enclume. Vu la violence du choc et les risques pour les mains des ouvrières, ce poste de travail est réputé dangereux.

Posés sur un support en cristal, ces porte-plumes en argent dissimulent un compliment d'enfant du XIXe siècle. Gravé à la main, le modèle du haut dispose non seulement d'une lame amovible mais aussi d'un portemine télescopique caché sous la plume.

La plume 808 de Joseph Gillott, l'une des premières de l'ère industrielle. La plume tubulaire est présentée à plat (au centre) et achevée (sur les côtés).

Coiffe en dentelle et dentelle d'acier : à l'aide d'un emporte-pièce, cette ouvrière en tenue traditionnelle du pays de Boulogne effectue le découpage des plumes métalliques. Visite royale à l'usine Gillott, Le prince de Galles et sa suite s'intéressent au travail des ouvrières (à droite).

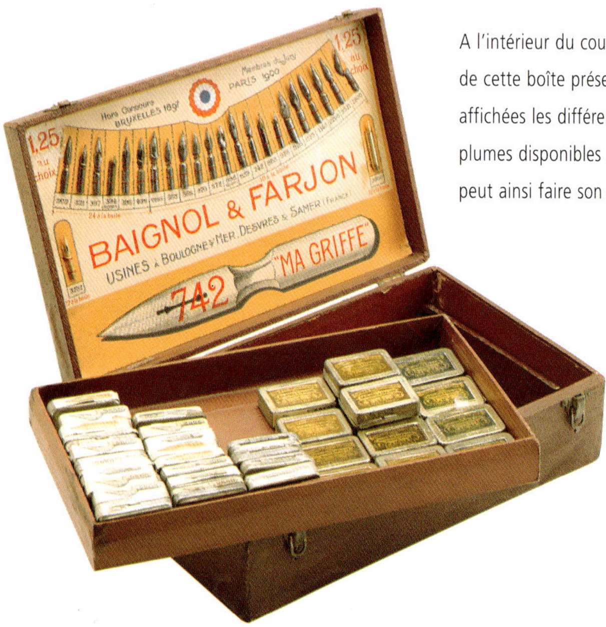

A l'intérieur du couvercle de cette boîte présentoir, sont affichées les différentes plumes disponibles ; le client peut ainsi faire son choix.

De leur côté, les hommes surveillent et alimentent sans cesse les fours. Il leur faut d'abord adoucir l'acier, le rendre malléable : c'est le rôle du "recuit", un premier traitement thermique à 650 degrés. Une fois la courbure effectuée, pour être à nouveau durcie, la plume repasse au four, à 900 degrés cette fois. Elle est enfin plongée dans l'huile pour y être refroidie : c'est la "trempe". Après le "dégraissage", un dernier traitement à 400 degrés va enfin donner au métal souplesse et résistance.

A l'issue de telles épreuves, la plume métallique n'a pas très belle apparence ; il faut donc songer à la décaper et à la polir, travail méticuleux, entièrement fait à la main, plume par plume. L'aiguisage est lui aussi une véritable course de vitesse, à tel point qu'une ouvrière bien entraînée peut aiguiser jusqu'à quinze mille plumes par jour !

A ce stade de fabrication, la plume d'acier est encore muette, comme bâillonnée. Il faut donc réaliser la "fente", c'est-à-dire couper le bec en deux pour que, enfin achevée, la plume puisse espérer courir sur le papier.

Ainsi, pas moins de douze opérations auront été nécessaires pour que naisse une simple plume de métal.

Mise en boîte, elle sera prête à rejoindre le porte-plume des écoliers ou des employés aux écritures et là, métal vivant, elle pourra enfin réagir, en souplesse et précision, aux accents de la main.

En cette fin de XIXe siècle, grâce à Baignol & Farjon mais aussi à Blanzy-Poure et à la Compagnie française, Boulogne-sur-Mer confirme sa place de capitale nationale de la plume métallique. Surprenant pour une cité dont l'histoire est liée à la tradition de pêche !

En fait, vers 1835, Boulogne fut le port principal d'importation de plumes métalliques en provenance d'Angleterre. On avait donc connaissance, de ce côté-ci du Channel, de l'extraordinaire prospérité des industries anglaises rassemblées à Birmingham. Depuis quelque temps, certains esprits avisés, dont Pierre Blanzy, directeur des messageries de la ville, "avaient une idée derrière la tête". Plusieurs fois, Blanzy s'était rendu à Birmingham. Là, il avait négocié des brevets, débauché des chefs d'ateliers et des ouvriers experts. De retour à Boulogne, il n'eut plus qu'à s'établir, le tour était joué !

Vue générale des usines Mason, fabricant de plumes d'acier établi à Brirmingham en 1828 (en haut). Puisant abondamment dans l'imaginaire de l'auteur dont elle se recommande, la plume "Jules Verne" est destinée à effectuer un véritable tour du monde de la réussite !

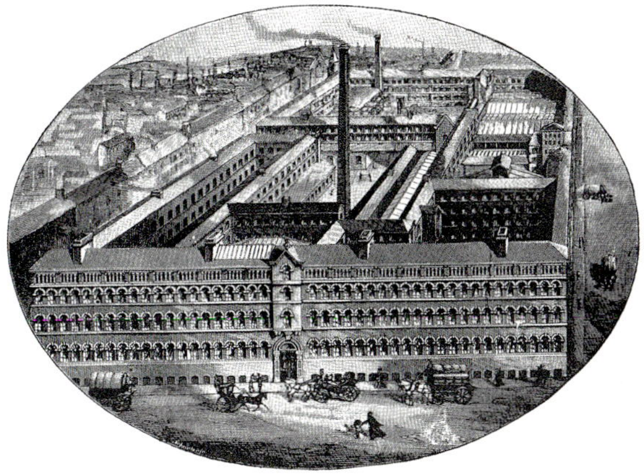

Révolution à Birmingham

Ce que Pierre Blanzy avait vu à Birmingham avait de quoi étonner : en vingt ans à peine, de 1830 à 1850, la ville des Midlands était devenue un exemple mondial de développement industriel.

Alimentées par l'énergie nouvelle des machines à vapeur, de gigantesques usines engloutissaient quotidiennement des tonnes d'acier. Les cheminées de brique semblaient toucher le ciel et certains jours les fumées se confondaient aux nuages. Perspectives de machines et d'ouvrières qui ne goûtaient pas un instant de repos, les ateliers avaient des dimensions vertigineuses. S'étendant sur des dizaines d'hectares, les entreprises fabriquaient d'incroyables quantités de plumes métalliques. Et pourtant, chaque soir, chaque fabrication était individuellement pesée avec précision, à la plume près : le rendement conditionnait le salaire.

Dans les rues de la ville allaient et venaient sans cesse des dizaines de camions hippomobiles. De la Perse au Cambodge, du Brésil jusqu'aux Indes, en passant par la plupart des pays d'Europe, Birmingham livrait ses plumes dans le monde entier.

En vingt ans, la plume métallique était passée du rang d'objet rare à celui d'une production en série ; elle devenait l'un des premiers objets jetables de l'ère industrielle. Mais que s'était-il donc passé dans les Midlands ? Comment expliquer qu'en aussi peu de temps Birmingham soit devenu le premier site mondial de fabrication de plumes d'acier ?

En réalité, la ville avait certaines prédispositions. D'une part, elle était depuis longtemps un grand centre de bijouterie et d'orfèvrerie et disposait ainsi d'une grande expérience dans le domaine de la fabrication de plumes en or et en argent. D'autre part, au détour de ruelles, au fond d'arrière-cours, existait depuis le début du siècle un artisanat pré-industriel fort développé. Dans des petits ateliers, à l'aide de machines simples, on fabriquait quantité d'objets métalliques : boutons, couteaux, boucles, jouets, anneaux de clefs, parfois même des plumes d'écriture.

La fente de la plume, considérée comme très délicate, faisait l'objet de secrets jalousement gardés que chaque maître artisan ne transmettait qu'à ses meilleurs apprentis.

Gillott, Mason, Perry, Mitchell et les autres

Pour Joseph Gillott, tout avait commencé à Sheffield, au début du siècle, dans l'atelier du coutelier Skinner qui fabriquait artisanalement quelques plumes d'écriture. Gillott, qui avait la responsabilité de la fente des becs de plumes, comprit très vite que les méthodes artisanales étaient insuffisantes pour obtenir de bons résultats. Voilà pourquoi il s'intéressa de près aux nouvelles machines qu'apportait l'ère industrielle naissante. Grâce à l'utilisation d'une presse à balancier, il créa une technique révolutionnaire pour découper les plumes : les prix commencèrent à baisser.

Fort de ce premier succès, Joseph Gillott se rendit à Birmingham, y rencontra les frères John et William Mitchell, eux aussi fabricants de plumes. Il scella l'union des deux familles en épousant leur sœur Maria. Ne dit-on pas que celle-ci aurait apporté dans la corbeille de noces quelques secrets de fabrication détenus jusqu'alors par John Mitchell ?

En 1830, Gillott installa dans ses ateliers sa première machine à vapeur : le succès fut total et les prix chutèrent.

Ce que Skinner avait enseigné à Joseph Gillott, un autre artisan, Samuel Harrison, l'apprit à Josiah Mason. Lors d'un voyage à Londres, ce jeune ouvrier acheta dans une papeterie une plume de marque Perry. Il la reproduisit, apportant au passage plusieurs améliorations. James Perry, le fabricant de la plume en question, eut vent de cette réalisation. Les deux hommes se rencontrèrent et débuta entre eux une longue collaboration.

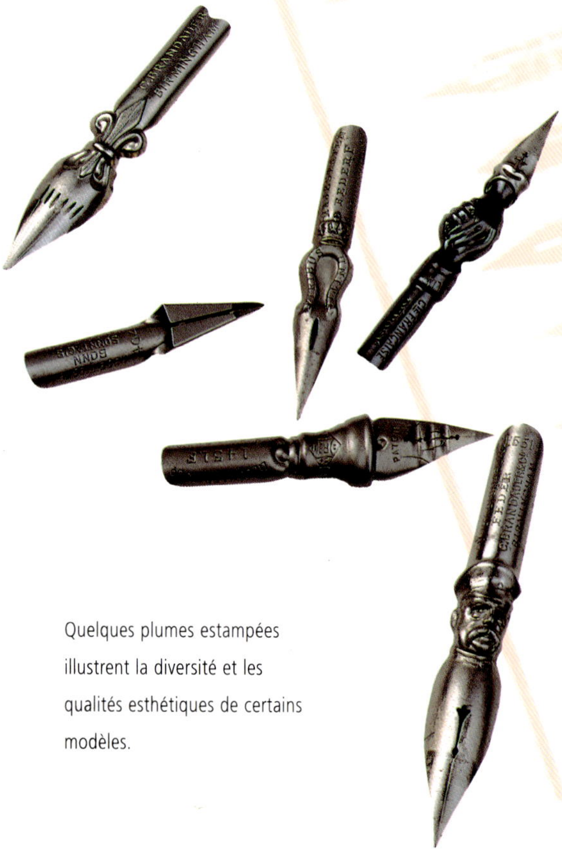

Quelques plumes estampées illustrent la diversité et les qualités esthétiques de certains modèles.

Dans la vitrine du papetier, le bec-réservoir de la plume "Yankee" annonce des performances bien difficiles à vérifier.
La Lancaster préfère rappeler ses origines britanniques. Plus modestes, les échantillons Mallat ont une clientèle assurée : destinés à séduire les écoliers, ils sont offerts !

MALLAT
Essayez la boîte échantillon plumes
PLUME "YANKEE"
À BEC RÉSERVOIR
ÉCRIT 600 MOTS
Écrit 600 Mots
D'UNE PRISE D'ENCRE
ARJON
DE BOULOGNE S/mer
PLUME "BEAUX-TITRES" Nº 589
la boîte de 18 PLUMES
GAFFRÉ
FIRST CLASS
LANCASTER PEN
BIRMINGHAM ET LONDRES
FABRICATION ANGLAISE
Durabrite
STAINLESS STEEL PEN
RUSTLESS & WILL NOT CORRO
JOSEPH GILLOTT'S
WILLIAM MITCHELL
BIRMINGHAM & LONDON
MALLAT
PARIS
ESSAYEZ CES ÉCHANTILLONS
EN VENTE PARTOUT
DE FABRICATION FRANÇAISE
PLUMES RECOMMANDÉES
BOULOGNE-S-MER
WILLIAM MITCHELL'S
SELECTED PENS
LONDON
John

Que de trésors cachés au fond des tiroirs des papetiers nous restent-ils encore à découvrir ? Gillott, Mitchell, Mason, Perry – les précurseurs – mais aussi Hinks-Wells, Myers, Léonardt, Brandauer, Hughes... Des noms que l'on retrouve à la fois sur de minuscules boîtes de plumes, mais aussi au rang des fortunes colossales qu'allait engendrer le XIXe siècle industriel.

Gillott, Mitchell, Mason, Perry : quatre noms qui allaient marquer de leur empreinte l'histoire de la plume métallique.

En 1846, s'inspirant de ce qu'il avait vu à Birmingham, Pierre Blanzy s'associa à Eugène Poure, Théobald Clarté, Albert Pamart et Frédéric Lalouette pour fonder les établissements Blanzy-Poure & Compagnie. Dès les années 1850, la fabrication française rattrapa en qualité les plumes anglaises, remportant même quelques médailles d'or aux Expositions universelles, y compris à Londres.

Boulogne-sur-Mer inondait le marché français et atteignait d'excellents résultats à l'export. En 1875, Lebeau devint Baignol & Farjon et Delpierre & Cie prit le nom de "Compagnie française". Pendant toute cette période, on aurait pu s'attendre à un "*pen rush*" mondial, à ce que le développement de cette industrie nouvelle fasse tache d'encre !
Il n'en fut rien.

L'Allemagne éprouvait des difficultés à franchir le pas, à renoncer à la plume d'oie, elle qui depuis la fin du Moyen Age était une des grandes nations exportatrices de plumes animales… Seuls le calligraphe Soennecken, les industriels Heintze und Blanckertz et Brause se lancèrent dans l'aventure. Le niveau de qualité était élevé ; néanmoins le succès fut relatif.

Les Etats-Unis avaient-ils déjà dans la tête le rêve de Waterman ou de Remington ? Malgré les ambitions de la marque Esterbrook, la production américaine resta modeste.

L'Italie, quant à elle, attendit les années vingt pour se mettre à l'ouvrage. A Milan, on créa trois fabriques de plumes : Legnani, Ruspi, Locati. Espagne, Belgique, Tchécoslovaquie, Portugal, URSS, Pologne, Hongrie, Japon, Chine… nombreux furent les pays qui, au cours de la première moitié de notre siècle, se lancèrent dans l'aventure.

Il était cependant trop tard : tout avait été dit. Même chez les grands, la qualité était en baisse et les assauts répétés du porte-plume-réservoir – le stylo-plume – avaient des accents de victoire.

Pourtant, depuis le milieu du XVIIIe siècle, combien de batailles avait-on livré autour de la plume métallique ? Quel inventeur n'avait pas prétendu être l'unique créateur de cet objet révolutionnaire ? En 1750, un magistrat d'Aix-la-Chapelle avait solennellement déclaré : "Sans me vanter, je crois prétendre à l'honneur d'avoir inventé une plume nouvelle… D'autres sans doute en feront des imitations mais j'en demeurerai l'inventeur, celui qui le premier en aura fabriqué…"

Les usines britanniques fabriquèrent des plumes "tubulaires" accompagnées d'un simple manche en bois. Se fixant directement sur un porte-plume, les plumes "à talon" utilisaient moins de métal. Plus économiques, elles s'imposèrent très vite.

Vingt-cinq ans plus tard, en France, Joseph Arnoux, mécanicien-horloger établi à Rouen, avait obtenu une récompense de l'Académie royale des sciences pour l'invention d'une "plume économique" disposant de bonnes qualités de souplesse et d'élasticité.

A l'aube du XIXe siècle, en Allemagne cette fois, on entendit beaucoup parler d'un génial enseignant de Königsberg qui s'était totalement ruiné en voulant mettre au point une plume métallique de son invention.

Puis l'Amérique reconnut en Peregrine Williamson, honorable citoyen de Baltimore, le véritable inventeur de la plume métallique. L'article du *Boston Mecanic* relatant l'événement donnait au passage quelques coups de griffes aux industriels anglais accusés non seulement de s'être emparés de la découverte américaine mais surtout d'en avoir tiré "d'immenses fortunes".

L'affichiste berlinois Laudahn réalisa dans les années dix cette élégante publicité calligraphique pour présenter les plumes de la firme allemande "Heintze und Blanckertz" fondée au milieu du XIXe siècle.

Calligraphie sans frontières : les plumes sont britanniques, la méthode d'écriture est portugaise, les exercices et l'encre sont français… (page suivante).

CALLIGR
Rua dos Corre
WILLIAM MITCHELL'S
TRADE MARK
SELECTED
PENS.
LONDON.

ANTOINE
BLUE BLACK
WRITING FLUID
N. ANTOINE & FILS, PARIS
APHIA
tros, 214-2º (Vulgo
1866

Les essuie-plumes sont de bien mystérieux objets. Hérissant le dos d'animaux divers en plomb ou en bronze, blottis au fond de minuscules vases en faïence ou en cristal, ils permettent à la plume d'être débarrassée de ses impuretés.

Plus de dix mille modèles !

La fabrication industrielle des plumes métalliques aurait pu aboutir très rapidement à une standardisation. Quelques modèles se seraient partagé le marché mondial. Ce fut tout le contraire qui se produisit. Obéissant à des stratégies commerciales, répondant aux envies créatrices d'ouvriers talentueux, l'industrie fut à l'origine d'au moins dix mille plumes différentes !

De quatre millimètres à quatorze centimètres, il y en eut de toutes les longueurs. Les plus grandes – dites "tubulaires" – pouvaient être tenues directement en main mais la majeure partie – dites "à talon"- nécessitait l'utilisation d'un porte-plume. Chaque maison avait sa propre gamme, qui, de quelques modèles, pouvait atteindre des centaines de références.

Il y eut des plumes pour "la ronde", "la bâtarde", "l'anglaise" ou l'écriture "gothique", des plumes pour tracer des traits de corps différents ou réaliser des encadrés, des plumes pour les croquis et les cartes, et même des plumes "pour la correspondance sur papier mince". Les plumes "liliput" s'adressaient aux enfants. Tout au contraire, les "magnums" – modèle Impérial – convenaient aux banquiers, aux fonctionnaires et plus généralement à tous ceux qui aimaient tenir en main des outils de grande taille.

Certaines, destinées à l'écriture orientale, comme la "Kalam", reproduisaient l'effet du roseau et J. Alexandre, avec son modèle Humboldt, prétendait fournir aux écrivains une plume métallique en tous points semblables à la plume d'oie ! Quant à l'étonnante plume "zèbre" de la Compagnie française, elle disposait de cinq becs permettant de tracer en une seule fois des lignes entières de portées musicales. Il suffisait ensuite de s'équiper de la plume "do mi sol do" spécialement conçue pour écrire les notes sur les portées. Deux plumes suffisaient ainsi à satisfaire les besoins des compositeurs les plus exigeants !

Pour faciliter le travail des compositeurs, l'*Encyclopédie* proposa l'impression par gravure de lignes entières de portées musicales. La plume spéciale "zèbre" permettait d'obtenir un résultat similaire (page ci-contre).

La "baïonnette" de Baignol et Farjon – tout comme la "Zig-Zag" de Blanzy-Poure (page 58) – fait partie des plumes les plus intrigantes. Son bec désaxé lui donne une souplesse supérieure aux plumes à bec droit. Les calligraphes l'utilisent pour l'écriture à l'anglaise ; elle n'accroche pas le papier et procure pleins et déliés de grande ampleur..

Fig. 6.
Fig. 4
LONDON
Fig. C.
Fig. D.
Dieux! quelle ardeur Brule mon â . . . .
. . . . me! D'Amour est-ce un trait vainqueur Qu'il enf
Gravure en Topographie, Semie-Topographie, Géograph et Musique.

A la diversité des tailles et des utilisations s'ajoutèrent des qualités esthétiques particulières. Certaines plumes, pour la plupart diffusées en petites quantités ou réservées aux meilleurs clients des firmes, étaient de véritables œuvres d'art. Ces plumes "estampées" laissaient découvrir en relief le visage de personnages illustres, de la reine Victoria à Bismarck en passant par Dante, Napoléon III ou Vasco de Gama. Sur le même principe, on pouvait aussi reproduire différents animaux : le renard et le cygne, le coq et l'éléphant, l'aigle et le dauphin, le lion et le taureau et tant d'autres... Ah ! si La Fontaine avait possédé de tels objets, que de nouvelles fables ne nous aurait-il pas concoctées.

On trouvait à peu près tout, estampé sur les plumes métalliques : la tour Eiffel mais aussi l'Obélisque, une tête de mort, un canon, une montgolfière, une locomotive... certains établissements religieux disposaient même de plumes ornées de crucifix ! Certains estampages faisant office de réservoirs d'encre, des plumes aux formes spéciales étaient censées offrir une plus grande autonomie. Dans leurs publicités, les fabricants allaient jusqu'à indiquer le nombre de mots qu'il était possible d'écrire sans replonger la plume dans l'encrier . "Time is money" était le nom d'une plume – au réservoir sophistiqué – de la maison Hughes.

De l'évolution du perçage résultèrent de véritables œuvres d'art : certaines plumes étaient aussi finement découpées que les dentelles des coiffes des ouvrières qui les fabriquaient. On y retrouvait en transparence des évidements en forme de lyre, de visage souriant, de larmes, de hache ou d'épée. Blanzy-Poure commercialisa une plume de grande taille sur laquelle étaient rassemblés les différents perçages de la marque ; il y en avait plus de cinquante... quand on parle de dentelle !

L'acier, qui avait porté l'estocade à la plume d'oie, n'avait pas que d'ardents défenseurs. Victor Hugo s'était juré de ne jamais utiliser ces "aiguilles" et Jules Janin, le "prince des critiques", les condamna sans appel en 1857 : "La plume de fer est la cause finale des maux qui accablent de nos jours la société tout entière. Il suffit de comparer entre elles la plume de fer dont on se sert de nos jours et la bienveillante plume d'oie dont se servaient nos bons et spirituels aïeux. La plume de fer, cette invention toute moderne, nous jette d'un coup une impression désagréable. Cela ressemble à s'y méprendre à un petit poignard imperceptible, trempé dans le venin. Son bec est effilé comme une épée : il a deux tranchants comme la langue du calomniateur..."

La même année, mais en Belgique cette fois, le calligraphe J. Dierckx fut catégorique : "J'ai fait de longs essais avec toutes espèces de plumes ; aujourd'hui ma conviction est formée à ce sujet. On ne remplacera jamais par le métal la souplesse, la solidité de la plume d'oie."

Sans avoir la délicatesse de la plume d'oie, la plume métallique, entre des mains expertes, permet la réalisation de très belles écritures. En filigrane : les plumes Gillott, qui ne rouillent jamais !

Auprès des grandes plumes-dentelle (à gauche sur la photo) les estampages les plus divers voisinent avec des modèles dont l'aiguisage transversal assure au métal une meilleure retenue de l'encre et un bel effet strié. La plume pour portée musicale est cette fois devenue un instrument à part entière.

Porte-Plumes
métal argenté, bronze, bois
os, ivoire, nacre
verre, résine
plume tubulaire
plume d'oie
Os XVIIIe siècle
bois
ivoire
résine
nacre
Cachets

OBJETS D'ECRITURE
Plumes
Porte-Mines
Coupe-Papier

Boîtes magiques !

Toutes les plumes métalliques de l'ère industrielle ne furent pas d'égale qualité ; néanmoins, dans le large éventail de modèles disponibles, on avait la certitude de trouver "plume à sa main".

Finie la crainte de casser ou d'user prématurément sa plume d'oie, fini le temps perdu à l'apprêter : il suffisait d'ouvrir la petite boîte magique et de réarmer son porte-plume. L'inspiration n'avait pas eu le temps de s'enfuir ! Chaque boîte contenait en général 144 plumes. Très tôt, la plupart des fabricants s'accordèrent sur cette base numérique plus connue sous le nom de "grosse". Ainsi vers 1890, il passait entre les mains d'une petite ouvrière entre cent et cent cinquante grosses par jour !

L'une des premières qualités de la plume d'acier fut sa longévité**.** Bien que jetable, elle durait bien plus longtemps que la plume d'oie. Les premiers essais avaient montré une sensibilité à la corrosion mais, très vite, les fabricants d'encre s'adaptèrent et le problème fut résolu.

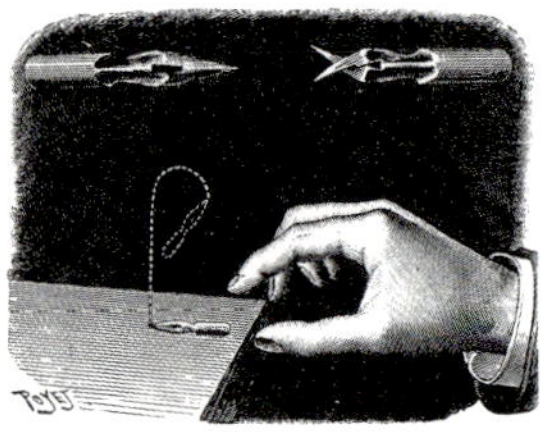

Cette expérience consiste à déformer les becs d'une plume puis à les remettre en place en force. Lorsque ensuite on la laisse tomber, elle rebondit sur la table comme un véritable ressort.

En matière d'élasticité, les progrès furent là aussi significatifs. Entre des mains expertes, la parfaite souplesse de certaines plumes métalliques permettait de subtiles nuances calligraphiques.

Au début, les étiquettes qui recouvraient les boîtes de plumes en définissaient strictement le contenu par des indications techniques, sans aucune fantaisie. Vers 1860, tout devint couleur et décor. On étala sur les couvercles cartonnés les récompenses obtenues aux concours internationaux. Avec le développement des Expositions universelles, les grands prix se multipliaient. Blanzy-Poure afficha son "prix de Paris 1867", Lebeau sa récompense à Londres et Léonardt imprima sa signature pour authentifier chaque boîte. Comme pour tout produit de grande consommation, les copies étaient nombreuses.
Il convenait donc de se méfier des contrefaçons plus ou moins habilement dissimulées.

Au-delà de motifs et de décors vantant les grandes découvertes que furent l'aviation ou le chemin de fer, on garde en mémoire les fameuses séries militaires de la Compagnie française : les Sergent-Major. Les grande batailles qui jalonnèrent l'histoire de France y étaient abondamment illustrées. Glaive de Vercingétorix, lance du chevalier Bayard, sabre du jeune Bonaparte, la plume d'acier était un véritable symbole guerrier.

Sur le modèle des chefs-d'œuvre "calamophiliques" tels qu'on peut en admirer au musée des Sciences et de l'Industrie de Birmingham, un collectionneur présente ses porte-plumes (double page précédente).

A la fin du XIXe siècle, certaines boîtes de plumes en laiton imitaient la forme de livres (à gauche). Une fois les plumes utilisées, ces boîtes pouvaient servir d'excellents grattoirs pour les allumettes, qu'il suffisait de frotter contre leurs tranches striées.
De 1890 à 1940, un demi-siècle de boîtes illustrées, sur fond de présentoirs.

Plumas Cervantinas
DINAMICA
CALIDAD EXTRA
BLANZY POURE & Cie
BOULOGNE S/MER
PERRY & Co's
IVANHOE PEN
MEDIUM
BLANZY-POURE & Cie
BOULOGNE-S/MER (France)
PLUME DE BRA
PENNA UMBERTO
N° 843
BLANZY, POURE & C. BOULOGNE S/MER
PERRY & Co
LONDON
JOSIAH MASON
BIRMINGHAM
Manufacturers
La Sans Rivale
XXe Siècle
LA VRAIE PLUME DU NOUVEAU SIÈCLE
25 plumes
Perroquet
Emile Sève
Paris
PLUME GRAND PRIX
BLANZY, POURE & Cie
BOULOGNE S/MER
"LA VRAIE PLUME DU SOLDAT"
FABRIQUÉE SPÉCIALEMENT POUR L'ARMÉE FRANÇAISE PAR
HINKS, WELLS & Co
BIRMINGHAM.
THE AVIATOR PEN
N° 1909
JOHN HEATH'S
FOR
RAPID WRITING
PERFECTION
1 GROSS
PLUME DU Troubade
JOSEPH GILLOTT & SONS
5006/30
BIRMINGHAM
ENGLAND
Plume COLBERT
N° 300
1 GROSS
La Sans Rivale
1900
XXe SIÈCLE
DÉPÔT À PARIS
EN AVANT
144 Plumes
Plume Brennus
PLUME BRENNUS
PERRY AND Co
LONDON.
JOSIAH MASON.
BIRMINGHAM.
BAIGNOL & FARJON
LA GLOIRE DE BOULOGNE
DÉPÔT À PARIS
FABRICATION ANGLAISE
108
C. BRANDAUER
BANK
BIRMINGHAM
PARIS
PERRY & Co.
INDENT PEN
FOR
RAPID WRITERS
ITALIA MILITARE
Artiglieria
PENNA
BAIGNOL & FARJON
Alphonse Daudet
PLUMES DE
BAIGNOL & FARJON
GÉNÉRAL LEMAN
BAIGNOL & FARJON
FAB. ANGLAISE
A LA CANTINIÈRE
PLUMES DE LA RÉPUBLIQUE
SERMAJOR GILBERT
PARIS BOULOGNE S/MER
BLANZY POURE et Cie
Plume Réclame
PLUME DU DRAPEAU
HINKS WELLS & Co
BIRMINGHAM
LA FRANCE MILITAIRE
Marine de l'État
PLUMES
BAIGNOL & FARJON
Bayard
Geo. W. Hughes
STAINLESS STEEL PENS

Beaucoup plus pacifiques étaient la plume du fonctionnaire, celle du journaliste ou de l'écrivain. Il y eut la plume d'Emile Zola, de François Coppée, d'Alphonse Daudet… même Victor Hugo – dont on connaît l'aversion qu'il portait à la plume d'acier – fut mis à contribution !

Cependant, avec le déclin de la plume métallique, les "visuels" s'appauvrirent et les couleurs perdirent leur éclat. L'objet d'art et de plaisir que l'Angleterre avait inventé n'était plus désormais qu'un objet strictement utilitaire. De nombreuses sociétés s'étaient regroupées, la diversité n'était plus de mise. Les boîtes "fin de séries" pour écoliers ne contenaient plus qu'un assortiment de plumes de qualité moyenne.

Aujourd'hui, la plume métallique ne fait plus partie des outils d'apprentissage de l'écriture mais elle n'a pas disparu pour autant. De vrais passionnés de calligraphie l'utilisent à nouveau. Dans les coffrets qui proposent de redécouvrir "l'anglaise" ou "la gothique", différents modèles de plumes voisinent avec l'indispensable porte-plume.

Etonnant porte-plume

Lorsque Meiamoun, scribe à la cour de Ramsès II, s'entraînait à l'écriture cursive hiératique avec une plume en bronze des mines du Sinaï, il tenait en main une seule pièce de métal recourbé.

A l'époque romaine, juste avant notre ère, le "roseau d'argent" avec lequel écrivait le poète Ovide n'avait, lui non plus, ni manche ni outil complémentaire.

Toutes ces plumes antiques, y compris celles qu'on découvrit dans le tombeau d'Aristote ou les ruines de Pompéi, étaient en réalité des plumes sans porte-plume ou, si l'on préfère, elles étaient à la fois l'un et l'autre.

A la fin du XVIIIe siècle, certains orfèvres s'étaient déjà posé la question et avaient réalisé des supports sur lesquels on fixait des becs de plumes d'oie.

Le même principe allait s'appliquer à la plume métallique et, vers 1810, le serrurier londonien Joseph Bramah créa ses premiers *penholders*. En 1836, Guillaume Baç, industriel parisien, ouvrit son atelier de fabrication d'œillets métalliques et de porte-plumes. La "pince", mécanisme de fixation de la plume, était en laiton.

La même année, à Birmingham, Josiah Mason se lança lui aussi dans l'aventure. Mais il ne suffit pas de savoir faire des plumes pour être capable de fabriquer des porte-plumes ; les premières tentatives se révélèrent infructueuses. Mason dut attendre la création des nouvelles machines imaginées par l'inventeur Wiley pour que la fabrication des porte-plumes rejoigne celle des plumes dans ses usines.

Sous le regard vigilant d'un ours en bois, quelques porte-plumes originaux. De bas en haut : épine de grand porc-épic, bois sculpté aux motifs floraux, bois tourné et ajouré, pied de chevreuil avec sabot et poils.
En filigrane, méthode d'écriture au début du XXe siècle.

Geste quotidien à une époque où le courrier était le principal moyen de communication, le plaisir de la correspondance sera-t-il un jour remplacé ?
Page ci-contre, La lettre de Clovis Didier, 1911.

Très vite, à l'exemple de Mason, la plupart des fabricants comprirent tout l'intérêt qu'ils avaient à proposer, en plus de la plume, l'accessoire nécessaire à sa tenue en main. Entre la plume et la pince du porte-plume, plusieurs étapes de fabrication se révélaient quasi identiques : avec la "plume pour tous" arriva le "porte-plume pour tous".

Côté français, dès 1855 à Boulogne, les établissements Blanzy-Poure développèrent leurs fabrications. Par la suite, Conté, Mallat, Baignol & Farjon apposèrent leur marque sur des centaines de modèles différents. Eagle American Pencil et Faber aux Etats-Unis, Hardmuth en Bohême, Heintze et Blanckertz à Berlin, Hinks Wells en Angleterre, chacun proposa ses productions.

Du monde scolaire aux administrations, la clientèle était toute trouvée. Des gammes se développèrent : il y en avait pour tous les goûts. Du simple manche en bois – tel que le vendait William Mitchell pour accompagner ses premières plumes tubulaires – au porte-plume en argent, en or ou en ivoire, quantités de modèles virent le jour.

Chaque ville touristique ou balnéaire eut son "modèle-souvenir" avec illustration en couleurs sur le manche et vue microscopique de dragon dans le corps du porte-plume. On y découvrait aussi bien le rocher de la Vierge à Biarritz que la même Vierge apparaissant à Bernadette à Lourdes.

A l'origine, ces porte-plumes pour touristes étaient en os. A l'avènement de la matière plastique, on adapta la fabrication des modèles sans pour autant en changer la forme.

Dans les papeteries, de nombreuses séries s'affichèrent. A côté des porte-plumes "peints à la cuve", certains fabricants vantaient les qualités de modèles ergonomiques. Sous l'œil serein d'un marin fumant la pipe, Baignol & Farjon proposait son porte-plume "anti-nerveux". Chez Conté, on présentait un modèle "spécial-gauchers" : enfin !

Loin du monde scolaire et des administrations, le porte-plume se fit également une belle place au cœur d'ensembles d'écritures qu'orfèvres et bijoutiers proposaient dans de luxueux écrins et présentoirs. L'écrin suggérait les qualités du contenu : outils fragiles, rares, qu'il convenait de protéger, voire de dissimuler. On y découvrait les métaux précieux, les bois les plus rares voisinaient avec l'ivoire et la nacre.

Parfois le porte-plume était seul, parfois l'accompagnaient divers accessoires tous liés à l'écriture et à l'épistolaire. Dans ces coffrets que l'on aimait offrir ou recevoir, chaque outil avait sa place : portemines, sceaux, coupe-papier, ouvre-lettre et grattoirs. Plus rarement – vraisemblablement pour des raisons de taille – le tampon-buvard ou l'encrier complétaient la parure.

Cette précieuse écritoire anglaise du XIXe siècle, en laiton orné d'agate, a été réalisée sur commande. Du plus petit au plus grand, tous les accessoires sont monogrammés... Recouverts de cuir rouge, l'encrier de voyage et la boîte à timbres complètent un ensemble d'une rare élégance. Dans cette parure d'écriture du début du siècle, autour de l'encrier en cristal s'organisent des objets en argent à décor "muguet".

Judy Garland vient d'arriver à Londres. La voilà aux prises avec les formalités administratives. Heureusement, le manager de l'Hotel Dorchester vient à son aide. Pour une star internationale, le simple fait de tenir un porte-plume en main est déjà un geste d'élégance.

Grâce à de telles écritoires en cuir – ancêtres de nos agendas et organizers –, où qu'il soit, le voyageur pouvait reconstituer son bureau. De l'encrier étanche au porte-plume, de la boîte à timbres à l'essuie-plume, chaque objet avait une place bien précise. De luxueux accessoires – sceau, ouvre-lettre, coupe-papier, portemine – maintenaient une tradition de la belle écriture et de l'imaginaire liés au voyage (page ci-contre).

Au début du siècle, le rayon "jouets" des grands magasins proposait des coffrets qui contenaient les divers outils de l'écriture et de la correspondance. Parfois, une machine à écrire – sommaire – complétait la panoplie. A l'aide d'un disque rotatif, lettre à lettre, les enfants pouvaient ainsi imprimer leurs messages. Les "papeteries" – ou parfois postes – enfantines étaient fragiles et périssables. Rares sont celles qui nous sont parvenues.

BEA
ETABLISSEMENT THERMAL DE
CHÂTEL GUYON
PUY DE DÔME
POSTES ET TÉLÉGRAPHES
CHEMINS DE FER DE L'ÉTAT
SOUTHERN RAILWAY
LE RÉSEAU DE L'ÉTAT
POUR ALLER
DE NUIT
A
LONDRES

On fabriqua des porte-plumes en toutes matières, du marbre au cristal, du verre torsadé de l'île de Murano à l'onyx coloré. Certains utilisaient les épines des grands porcs-épics du pourtour méditérranéen. Ces longs piquants étaient très faiblement implantés dans la peau de l'animal, un rien les faisait tomber. Une fable raconte que le porc-épic en question était capable de projeter ses piquants sur ses ennemis "comme un sauvage envoie ses flèches pour se défendre" !

Parmi les porte-plumes les plus insolites, il faut citer ceux que les enfants confectionnaient avec un poisson de bord de mer : le syngnathe, petit poisson de vingt-cinq centimètres environ, qui tient à la fois de l'anguille et de l'hippocampe. Séché sur le sable, son corps cuirassé se raidissait et devenait un parfait porte-plume ; il suffisait ensuite d'insérer la plume dans le bec.

Symbole d'une écriture précieuse et raffinée, les plumes de verre se développèrent en Angleterre dans la seconde moitié du XIXe siècle. Plus belles qu'utiles, ces plumes ne procuraient qu'une écriture linéaire (page ci-contre). L'arrivée du "Safety"– le stylo à plume rentrante (à gauche) – relança l'utilisation des plumes de verre mais les améliorations rapides des stylos-plume les condamnèrent sans appel.

Sur le principe d'un instrument de musique "à coulisse", le "porte-plume sifflet-trombone" de M. Fonqueragne permettait – avec un peu d'entraînement – de jouer des petites mélodies. "Il vous sera possible de l'utiliser pour imiter les modulations du chant de divers oiseaux, et en particulier du rossignol, du pinson et du canari," disait l'article de *La Nature* en 1888. Dans *L'Aventure multiple des outils de l'écriture*, Marcel Colombain imagine les effets de l'utilisation collective d'un tel accessoire : "Avec une demi-douzaine d'élève munis de ce porte-plume, la classe ne devait pas manquer de gaieté."

Sur le modèle d'une chaîne de montre, avec une loupe ou un éclairage, équipés d'instruments de mesure ou de pesée… une infinité de modèles extravagants virent le jour. Certains porte-plumes publicitaires allaient même jusqu'à se travestir en plume d'oie ! Les plus émouvants restent cependant les porte-plumes en cuivre que "les poilus" de la grande guerre réalisaient – entre deux assauts – dans les tranchées avec les douilles de leurs cartouches. Quant aux porte-plumes en bois teinté que les bagnards fabriquaient à Cayenne, ils étaient les témoins silencieux du désir de liberté qui accompagne souvent nos gestes d'écriture.

Avec les années cinquante et la désaffection de la plume métallique, les porte-plumes s'effacèrent peu à peu des devantures des papeteries.

Pendant que, dans le ciel, les avions apprenaient à se déplacer plus vite que le son et bien plus loin que les océans, certains nouveaux outils d'écriture prétendaient enfin apporter des solutions radicales et définitives aux problèmes de glissement et de propreté que ne pouvaient résoudre systématiquement les plumes d'acier.

Equipés "d'encre à réaction", ils affichaient désormais leurs ambitions en termes de vitesse et de distance d'écriture… Le monde s'accélérait, ils l'accompagnaient.

À l'école de l'écriture

L'écriture commence avec l'enfance. Au début, c'est un jeu facile ; tout autour on s'extasie, le moindre "gribouillis" devient œuvre d'art, mais avec le temps des premiers apprentissages, souvent semés de taches et d'embûches, les libertés se restreignent. Et pourtant, dès qu'une lettre nouvelle est maîtrisée, quand l'arabesque d'une majuscule devient familière, l'enfant découvre peu à peu le plaisir que procurent la minutie et l'attention. Et s'il est vrai que certains des outils de l'écriture ont pour vocation de rédiger les "dictées officielles", d'autres ont la capacité d'inscrire quantité de mots interdits sur les murs de l'école ou le tableau de la classe.

Voilà pourquoi, aussi bien par le geste que par le sens, par le fond que par la forme, dès l'enfance, l'écriture procure déjà quelques jubilations secrètes.

Droite ou oblique ?

Ecrire est une technique qui suppose un long apprentissage. Diverses méthodes se sont longtemps affrontées. Elles n'étaient pas avares de conseils exclusifs, voire de recettes-miracles. L'affaire était des plus sérieuses : écriture droite ou penchée, il fallait choisir !

Au début du siècle, en France, solennellement, la méthode Robquin prit partie : "Après une longue enquête, la Ligue gratuite de l'écriture droite vient d'émettre le vœu que l'écriture penchée soit définitivement proscrite des écoles françaises. L'écriture droite est notre vieille écriture française, il y a longtemps que les Anglais, les Américains, les Suisses y sont revenus pour des raisons d'hygiène."

Et les vitres redeviennent sable
l'encre redevient eau
les pupitres redeviennent arbres
la craie redevient falaise
le porte-plume redevient oiseau.
(*Page d'écriture*, Jacques Prévert).

Pouvait-on rêver mieux ? Pouvait-on dans ces conditions défendre une autre théorie ? Oui, rétorqua *Le Praticien*, une méthode d'écriture qui prônait le "tout-oblique" en six cahiers, avec une devise sans équivoque : "Tout élève qui suit notre méthode est obligé d'acquérir une écriture parfaite."

Hélas, les résultats tant attendus n'étaient pas toujours au rendez-vous. En 1938, les "Instructions officielles" firent un constat accablant : "Des protestations très vives s'élèvent de tous côtés contre la négligence et le peu de soin apportés à l'écriture courante par les enfants qui quittent nos écoles. Il convient de réagir très vigoureusement et d'obtenir de tous une écriture lisible, nette et soignée." ... Alors droite ou oblique ?

En France, la "guerre des écritures" dura jusqu'en 1949, date à laquelle la question fut directement posée au ministre de l'Education en séance à l'Assemblée nationale. Dans un souci d'apaisement, ce dernier répondit : "Aucune instruction n'a été donnée sur ce point. Les maîtres ont toute liberté pour enseigner l'écriture droite ou penchée, il est seulement précisé que l'écriture anglaise est obligatoire, l'écriture scripte facultative."

AVG TRVPHÊME

Au moment de *La Dictée* (du peintre Auguste Truphême), les porte-plumes et les regards sont concentrés sur la page. Pendant qu'un élève cherche dans le ciel la solution à quelque orthographe difficile, un autre l'a trouvée sur la copie du voisin ! (double page précédente)
En 1870, Jules Ferry déclare s'être fait le serment de consacrer toutes ses forces au problème de l'éducation du peuple. Vingt ans plus tard, dans ce tableau de Jean Geoffroy *En classe, le travail des petits*, chaque enfant trouve enfin sa place au pupitre collectif de l'école publique.

Dès la fin du siècle dernier, considérant que l'apprentissage de l'écriture faisait partie de l'hygiène publique, le monde médical avait lui aussi imaginé quelques solutions. Médecins et scientifiques s'accordaient sur l'un des principes fondamentaux : l'écriture fait appel non seulement à des éléments de motricité fine – la main, le poignet, les doigts – mais aussi à des attitudes corporelles globales. Dans l'écriture, c'est le corps tout entier qui agit… comme en musique ! Comme en musique, l'enfant fait ses gammes, il doit guider avec précision son porte-plume pour que, enfin délivré de la technique, il découvre le plaisir d'écrire… à condition bien sûr de disposer des instruments adaptés et d'un minimum de confort.

Prêts pour l'écriture : les porte-plumes en bois teinté ou au décor peint marbré semblables aux reliures de certains ouvrages anciens.

Malgré l'officialisation de "l'Instruction publique universelle" lancée en 1833 par Guizot – sous le règne de Louis Philippe –, les "calligraphes en herbe" ne bénéficiaient pas des meilleures conditions pour s'entraîner à l'écriture. Il suffit pour s'en convaincre de lire le rapport national sur les écoles, paru en 1859, vingt ans avant les conquêtes de Jules Ferry : "Il y a des écoles où une moitié des élèves est obligée de s'asseoir par terre, tandis que les autres ne peuvent écrire que debout autour d'une table ; la plupart manquent de plumes,d'encre et de papier."

Il faudra attendre la fin du siècle dernier pour que le confort et l'organisation des locaux scolaires s'améliorent : il était temps ! Face au maître et au tableau noir, les enfants disposaient enfin de bancs pour s'asseoir, de pupitres et d'outils pour écrire. Les premiers cahiers firent leur apparition – cahiers journaliers, cahiers de devoirs mensuels sans oublier le traditionnel "cahier de roulement" qui, passant d'un élève à l'autre, devenait le véritable journal de bord de la classe.

N'étant plus en mesure de répondre aux besoins d'écoliers sans cesse plus nombreux, la plume d'oie disparut peu à peu. Désormais, c'est à la plume d'acier qu'allait s'effectuer l'apprentissage. Dans *Le Temps des secrets*, Marcel Pagnol nous révèle l'attrait quasi magique qu'exerçait sur lui ce nouvel outil : "Il y eut un dîner chez ma tante Rose. Elle me fit d'abord présent d'un plumier en carton verni. En appuyant sur un bouton, le couvercle s'ouvrait tout seul : je découvris alors trois porte-plumes neufs, des plumes de toutes les formes (il y en avait une à bec de canard), plusieurs crayons de couleur et, surtout, une gomme à effacer si tendre et si onctueuse que je mourais d'envie de la manger tout de suite."
Bien que modestes, les accessoires d'écriture de l'écolier n'en n'étaient pas moins précieux. A l'égard des plumes, porte-plumes, cahiers, buvards… il convenait de se montrer très économe : pas question de manger sa gomme !

Voyage au cœur d'une trousse

Il n'est pas de bon ouvrier sans de bons outils ! L'écolier avait donc besoin d'instruments adaptés et, pour les transporter, trousse ou plumier, chacun choisissait selon ses goûts, ses envies, ses moyens. "Plumes et Crayons", pouvait-on lire à la fin du XIXe siècle sur les couvercles de ces petites boîtes magiques. Cloisonnés pour que chaque famille d'objets ait sa place, certains plumiers disposaient de couvercles à glissière. Grâce à un mécanisme rotatif, d'autres permettaient plusieurs étages de rangement. Vint le temps des illustrateurs : la petite boîte s'orna de paysages marins ou exotiques, de jeux nautiques ou d'hiver, de japonaiseries ou de gloires de l'Histoire.

Le bois resta longtemps le compagnon des écoliers ; pupitre bien sûr mais aussi porte-plume, double décimètre, règle et crayon que liait une simple ficelle. Pour les plus humbles, c'est encore lui – le bois – qui servait à fabriquer – à la maison et à la main – des plumiers, parfois même des cartables…

Combien de leçons perdirent ainsi tout leur intérêt face aux images évoquant l'aviation naissante, les visites des grands cirques, ou les coureurs du Tour de France ! De nombreux plumiers étaient en bois brut. Les plus extraordinaires étaient ceux que d'habiles menuisiers fabriquaient pour leurs enfants. Les plumiers laqués, étaient en réalité à base de déchets de cuir, bouillis dans de la colle et mêlés de résine ! D'autres modèles, en carton épais, étaient recouverts de vernis ou de bois durci – un mélange de sciure de palissandre et de sang frais, le tout pressé et porté à 200° C, une recette à faire pâlir d'envie toutes les sorcières de la création !

Au milieu des craies, des crayons et des porte-plumes, on découvrait parfois de bien étranges occupants. Dans *Histoire d'une tache d'encre*, l'écrivain Henri Coupin nous raconte sa mésaventure : "…Un jour, je vins à enfermer dans mon plumier trois pétillants grillons, lorsqu'au beau milieu de la leçon du professeur on entendit un retentissant : cri-cri-cri-cri. C'étaient mes hôtes qui égrenaient leur gaie chanson.

L'écolier tel qu'il apparaît dans une œuvre du peintre Jules Mignon en 1914 (en haut). Encrier, livre, trousse, il n'est rien d'autre sur la table pour distraire le jeune élève appliqué. Quarante ans plus tard (ci-contre) : robe, fleurs, couleurs, avec le temps, seul le décor diffère. L'attitude reste inchangée.

Pour les faire taire, je secouais le plumier d'un air innocent. Peine perdue ! Les maudits insectes continuaient à chanter de plus belle… je n'ai pas besoin de vous dire ce qui se passa, privé de plumier jusqu'à la fin de l'année."

Plus encore que le plumier, la trousse de l'écolier était conçue sur le mode de celle du compagnon. Individualisé, prêt à l'action, chaque outil y avait sa place. En cuir, en toile ou même en carton bouilli, certaines trousses témoignent – d'une époque où l'on ne jetait rien, ni les crayons minuscules aux initiales gravées, ni les porte-plumes à la peinture craquelée et aux plumes vaincues par la rouille.

De nos jours, ce que l'on nomme "trousse" est un simple fourre-tout dans lequel s'entassent en vrac stylos, crayons et objets divers. Les temps et les gestes sont bien différents : hier on ordonnait méticuleusement, aujourd'hui on fouille bruyamment ! Et pourtant, dans ce désordre apparent, les doigts sont experts dans l'art de la reconnaissance des objets.

Les plumiers font eux aussi toujours partie du monde scolaire mais leurs décors ont bien changé : sur les couvercles, on retrouve Tintin, Mickey et autres Batman… Trousses et plumiers, des objets simples et à l'usage indémodable s'inscrivent désormais dans la longue liste des "produits dérivés".

Ecriture et dessin sont mêlés dans cette atmosphère de bureau d'écolier. Dans la trousse, les crayons voisinent avec toutes sortes d'objets. Chaque matière enseignée a ses propres outils : l'encre de Chine et les couleurs pour la géographie, le porte-plume et la règle pour la composition française…

Devoirs du 19 janvier 1912
Instruction Civique.
La chambre des députés.
Composition Française.
D. LEONARDT & Co
BIRMINGHAM
OBLIQUE PEN
Courante-Rapide
MANCHE
ATLANTIQUE
MEDITERRANEE

CRAIES
SURFINES
craie de Savoie
CRAIE

Poussières de craies

Comme pour tout apprentissage, la leçon d'écriture contient une succession d'étapes obligatoires. Pendant bien longtemps, les "premiers pas" se dispensèrent de tout accessoire. Large était le geste, invisibles étaient les lettres : c'est dans l'air que s'inscrivaient les premières traces imaginaires des écoliers d'autrefois ; dans l'air ou dans le sable. Individuel ou collectif, le bac à sable était posé sur la table et retenu par des tasseaux de bois. On y dessinait ses premiers alphabets, puis, du plat de la main, on lissait le support et l'on recommençait. A la fin du siècle dernier, cette forme millénaire de l'écriture éphémère était encore en vigueur dans de nombreuses classes.

Après le temps des premiers balbutiements, le geste s'affirme ; vient la rencontre avec l'ardoise et son crayon. L'ardoise, une étonnante matière qui se suffit à elle-même et qui, d'outil de traçage, est capable de se transformer en support de traces. Qui n'a pas eu, en effet, une ardoise complice de ses progrès, et un crayon d'ardoise témoin de ses efforts. Support mobile, l'ardoise participe aux questions qui nécessitent rapidité et réponses instantanées. On y écrit vite plutôt qu'avec minutie, puis on la brandit. On est bien loin du bac à sable : le cadre se précise et l'écriture s'affine ; la présence de lignes détermine progressivement la taille des mots, amène un premier "calibrage" de l'écrit.

Pour tracer l'itinéraire des marelles – qui conduisent à coup sûr jusqu'au ciel –, seule la craie offre la possibilité d'une écriture "en grand". Auprès de diverses boîtes de craies de couleur, une lourde machine à aiguiser (ci-contre, en haut).

Le geste d'écriture (en haut), illustré par deux grandes étapes de son apprentissage : au tableau, les premières traces à la craie ; larges, hésitantes, provisoires ; au pupitre, la plume et l'encre, un geste minutieux, une écriture définitive qui s'inscrit entre les lignes.

D'un bloc de minerai, tel qu'on l'extrayait des profondeurs de la terre angevine, à Trélazé, l'ardoise naquit bien longtemps du savoir des ardoisiers qui séparaient en quelques secondes les fines feuilles que plusieurs millions d'années avaient assemblées. De nos jours, c'est du Portugal que proviennent en grande partie les ardoises. Il n'est pas si loin le temps où pêcheurs et paysans de ce pays les façonnaient encore de manière totalement artisanale.

Des rives de la Manche jusqu'en Savoie, plusieurs régions de France disposent de craie dans leur sous-sol, mais c'est en Champagne que l'on trouve les principales carrières. La "craie naturelle de Champagne blanche et pure" – telle qu'on la présente encore dans le catalogue du fabricant français Omyacolor – était par le passé, découpée en bâtons de section carrée. Le matériau était ensuite conditionné en boîtes de bois et protégé par de la sciure pour le transport et le stockage.

Les craies d'aujourd'hui sont pulvérisées, moulées puis séchées en bâtonnets cylindriques et multicolores. Certains modèles récents ne laissent même plus de traces sur les doigts. Mais la craie reste fragile et porte en elle les germes de sa disparition : elle se brise, se consume, redevient poussière de façon quelquefois féerique, dans la classe sous les rayons du soleil oblique ou bien à l'extérieur, lorsqu'un élève désigné "tape la brosse" ou le chiffon à tableau sur un platane dont l'écorce prend peu à peu les couleurs diaphanes de la poudre de craie.

Entre les mains expertes des maîtres, la craie permettait l'exécution de modèles d'écriture – y compris pleins et déliés – d'une extraordinaire qualité. Au tableau noir, lieu de concentration de tous les regards, ces gestes magistraux exerçaient sur la classe une véritable fascination.

Quel était donc ce surhomme qui traçait à la perfection et sans difficulté apparente des lettres pour lesquelles nos mains et nos poignets se crispaient ? Qui était cet artisan doué qui, à l'aide d'un seul canif, était capable de tailler un crayon bien mieux que la plus perfectionnée des machines ? Notre maître, bien sûr, celui-là même qui citait souvent l'écrivain italien Carlo Dossi : "...Une seule vie n'est pas suffisante pour apprendre à tailler parfaitement un crayon..."

Personnage hors du commun, Nicolas Conté (ci-dessus) fit bien plus que mettre au point le crayon moderne. A neuf ans, à l'aide d'un simple couteau, il fabrique un violon, à quinze, il repeint seul la chapelle de l'Hôtel-Dieu. Puis il s'installe peintre de portraits sur les conseils de Gueuze et se passionne pour les expérience des frères Montgolfier. Bien vite l'armée le nomme directeur des établissements aérostatiques. Une explosion le prive d'un œil mais cela ne l'empêche pas d'être l'un des principaux techniciens de l'expédition d'Egypte auprès de Bonaparte. Le mathématicien français Monge a parfaitement résumé le talent de cet extraordinaire personnage : "Conté a toutes les sciences dans la tête et tous les arts dans la main."

Histoire d'une bonne mine !

C'est ainsi, en taillant un crayon, que notre instituteur nous raconta un jour l'histoire de ce compagnon d'apprentissage, cet outil si simple en apparence et qui allait devenir notre fidèle assistant. Dans une salle de classe baignée par le soleil froid d'une fin d'après-midi, ses mots volaient jusqu'à nous : "Le crayon que nous utilisons en classe est un enfant de la Révolution française ! A l'époque du blocus continental, les importations de graphite anglais et allemand furent subitement interrompues. Face à la pénurie, le Conseil des mines de la République fit appel à l'officier-chimiste Nicolas Conté. Ce personnage aux multiples talents eut alors l'idée de mélanger de l'argile humide à de la poudre de graphite. Il fit cuire le tout à très haute température et créa en 1795 le premier "crayon artificiel".

Nicolas Conté ouvrit boutique au Palais-Royal et continua ses recherches. En modifiant les proportions d'argile et de graphite, il constata que la dureté de la mine et la noirceur du trait variaient. Les différents degrés que nous connaissons aujourd'hui – de "H" hard à "B" black en passant par "F" firm et "HB" hard-black" – sont issus de cette découverte. Le principe de graduation des crayons venait d'être inventé ; Nicolas Conté mettait fin au règne absolu du graphite anglais.

A Borrowdale, dans le Cumberland, au sud-ouest de l'Angleterre, on exploitait depuis le XVIe siècle un gisement d'une extraordinaire pureté. Son extraction, limitée à quelques semaines par an, obéissait à des règles de sécurité tellement strictes que lorsqu'elle était interrompue, pour décourager les pillards, on inondait les galeries. Ce minerai était un véritable trésor : on le convoyait jusqu'à Londres dans des coffres-forts ambulants. Il servait à fabriquer les meilleurs crayons du monde, mais surtout à confectionner des moules pour boulets de canon.

Le crayon à papier avec gomme intégrée confère à son possesseur une maîtrise supplémentaire. Petit bâton magique, le même outil se montre à la fois capable d'inscrire et de faire disparaître !

Bien avant Conté, dès 1662, le crayon Staedler d'origine allemande avait, le premier, menacé l'hégémonie anglaise. En Hollande, en Bavière, en Bohême, on avait découvert de nouveaux gisements de graphite.

En 1760, Kasper Faber s'installa près de Nuremberg. Bien vite, la ville se hissa au rang de capitale allemande du crayon et domina le marché pendant tout le XIXe siècle.

Au fil du temps, de nombreuses marques d'outils d'écriture intégrèrent le crayon noir à leurs fabrications : Caran d'Ache en Suisse, Eagle Pencil et Dixon aux Etats-Unis, Baignol et Farjon, Blanzy-Poure en France...

Installé à Vienne depuis 1804, le fabricant Frantz Hardtmuth eut un jour l'idée de fabriquer un crayon entièrement jaune. Ne trouvant pas de nom assez précieux pour qualifier sa géniale invention, il n'hésita pas à lui donner le nom d'un des plus beaux diamants de la couronne d'Angleterre : le Koh-i-Noor – en langue indienne : "la montagne de lumière". Nous n'écoutions plus, nous imaginions des chasses aux crayons, devenus trésors...

"Avec Faber-Castell, reprit-il, notre civilisation du crayon a sa grande maison. Presque en même temps que Nicolas Conté, Lothar von Faber découvrit lui aussi les différents degrés de dureté du graphite et fut le premier à effectuer le «découpage hexagonal» du bois des crayons. L'honorable maison installée près de Nuremberg appartient toujours à la famille du fondateur et fabrique chaque année des centaines de millions de crayons."

Tenir en main un crayon usé – qui ne mesure plus que quelques centimètres – est pratiquement impossible.
Seule solution au problème : "l'use-bout", un instrument dans lequel vient s'insérer le crayon "condamné". Verrouillé dans son logement à l'aide d'une bague métallique, protégé par un capuchon, avec élégance, le crayon entame une seconde vie.

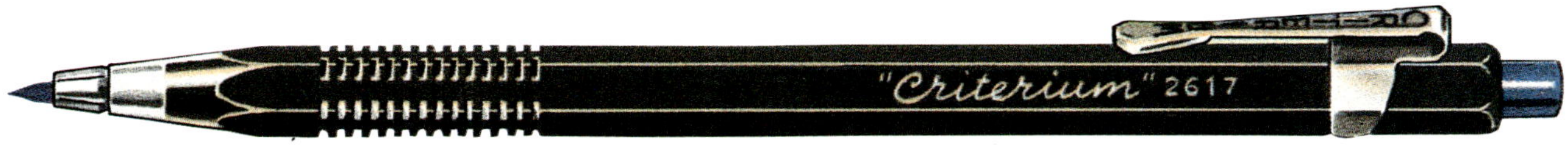

Lorsqu'on observe un "Critérium", on oublie bien vite l'âge de ce crayon mécanique en aluminium, créé il y a plus de cinquante ans (ci-dessus).

"L'histoire du portemine, continua-t-il, est bien plus récente. Imaginez une mine débarrassée de son enveloppe de bois et blottie à l'intérieur d'un tube métallique. Il suffit de la pousser à l'aide d'un simple mécanisme pour qu'elle soit toujours prête à l'emploi. De par sa faible section, il n'est même plus besoin de l'affuter. *Ever Pointed Pencil* – le crayon toujours taillé –, tel est le nom que l'Anglais Sampson Mordan donna à son invention en 1822. Cinquante ans plus tard, Alonzo Townsend Cross prit le relais et fut le premier à développer le portemine sur le continent nord-américain. Revêtus d'or ou d'argent, les Cross étaient richement décorés : rien à voir avec notre « Critérium » en aluminium, inventé par le franco-belge Sergent-Major-Gilbert en 1939."

Ce que notre maître ignorait encore, c'est que soixante ans plus tard, le critérium serait toujours fabriqué, mais par Conté cette fois, qui a su conserver l'esprit et la créativité du génial inventeur : bel exemple de longévité !

Tout en racontant son histoire, le maître jeta un rapide coup d'œil au crayon qu'il tenait. Il était à présent aussi pointu qu'une aiguille. Après s'être débarrassé des copeaux de bois verni qu'il conservait dans le creux de sa main, il déposa le crayon taillé sur le pupitre de son jeune propriétaire. "Souviens-toi qu'il n'est pas de bon crayon sans une bonne gomme !"

"Savez-vous que c'est à un Portugais du nom de Magalhaens que l'on attribue l'invention de la gomme au XVIIIe siècle ? A l'origine, elle était en caoutchouc brut. Elle avait la fâcheuse habitude de souiller le papier et manquait singulièrement de rigidité. Dans les années 1850, on mit au point une nouvelle recette. Il s'agissait cette fois de mélanger plusieurs ingrédients : gomme factice, pierre ponce moulue, matières colorantes et soufre. Vulcanisée à 150° C puis découpée, la gomme était prête à l'emploi."

Le maître nous parla enfin d'un outil qu'il n'aimait pas beaucoup. C'était bien dommage, car l'outil en question était capable de se travestir en mille objets qui avaient tout pour nous séduire : automobiles, avions, paquebots, réveils, TSF, téléphones, globes terrestres, instruments de musique… Dans la classe, tous les taille-crayons étaient interdits et devaient rester au fond des cartables. Pourtant, il nous en raconta l'histoire.

Plonger dans l'histoire des firmes les plus anciennes permet de nombreuses découvertes : catalogues épais égrenant des dizaines de pages et des milliers de crayons – tous différents, buvards illustrés sacralisant les usines du siècle dernier… Le catalogue Faber offre la panoplie complète d'une production riche et diversifiée.

Longtemps orientés vers la seule fonctionnalité, crayons, gommes et taille-crayons sont aujourd'hui des objets "design", comme ceux-ci, créés par Faber-Castell.

"En 1828, un certain Lassimone, géomètre à Limoges, déposa un brevet de machine à appointer les crayons. Vingt ans plus tard, Thierry des Estivaux inventa l'outil qui se rapproche le plus du taille-crayon moderne : un tube creux et conique, muni d'une lame. Au début du siècle, le principe fut amélioré par Theodor Paul Möbius, patron d'une fabrique de balais, à Erlangen en Allemagne. Ne supportant plus de tailler ses mines au canif, il eut l'idée d'un outil simple mais, je dois l'admettre, très efficace. La région de Nuremberg, qui avait déjà le monopole du crayon, s'octroya celui du taille-crayon."

Juste avant la Première Guerre mondiale, la France essaya de se lancer dans le taille-crayon, sous la marque Unis-France avec des "objets de bazar" fabriqués au hasard des chutes de métal. Mais dans le domaine des jouets et objets en tôle, elle avait trop de retard sur l'Allemagne.

La cloche sonna, parfaitement synchronisée avec la fin de l'histoire.

Plus de trente années se sont écoulées depuis cette leçon improvisée dans une classe de campagne. Le monde a bien changé. Toujours en tête, l'Allemagne produit annuellement plus de cent millions de taille-crayons mais, dans les salles de classe, on dispose maintenant d'un taille-crayon à manivelle ou même électrique. Solidement fixée au bureau de l'enseignant, en quelques tours de moteur – et avec une étonnante voracité –, la machine est capable d'avaler des crayons entiers. A la sortie, pas plus de trace de copeaux de bois que de poudre de graphite : propreté parfaite et mystère total !

Les gommes modernes sont, quant à elles, à base d'élastomère et n'ont plus les défauts des anciennes qui vieillissaient mal et tachaient parfois autant qu'elles effaçaient.

Quant au crayon à papier, quelque deux cents ans après les inventions de Nicolas Conté, la maison qui porte son nom a accompli une autre révolution, évolution devrait-on dire, car tel est le nom du premier crayon sans bois dont le corps est composé de quatre couches d'un plastique ABS.

Taille-crayons électriques, gommes élastomère, crayons en ABS, voilà nos écoliers parfaitement équipés pour affronter le IIIe millénaire ! Quoi qu'il en soit, la magie liée aux gestes de la découverte est bel et bien toujours là. Les maîtres savent encore raconter des histoires.

Après le canif et le taille-crayon à main vient le temps des outils mécaniques, plus encombrants mais plus rapides...A droite, taille-crayon mécanique de Caran d'Ache.

Dès qu'on s'éloigne des traditionnelles graduations (B, HB, F) qui désignent les crayons destinés à l'usage général, tout devient mystérieux tant les nuances sont nombreuses – parfois plus de quinze ! Les mélanges tendres destinés aux dessins et croquis sont très noirs (6B, 5B, 4B, 3B, BB). Le H désigne les mines dures destinées aux tracés techniques (HH, 3H, 4H, 5H). L'extra-dur est adapté à la lithographie (6H, 7H).

CRAYONS GRAPHITE SUPÉRIEUR 17 GRADUATIONS
PAQUETAGES & EMBALLAGES
GILBERT, Gdes ECOLES NATIONALES -
GILBERT & Cie No2
Supérieure
Qualité
ALASKA
Conté à Paris
1000
3H
CORONATION
CORONATION
CORONATION
A.W. FABER
Queen Elizabeth
Coronation 1953
HENRIOT.
MERSON.
IMP. A WATON

La Sergent-Major

Pendant longtemps, le passage à l'écriture à l'encre s'effectua à l'aide du porte-plume et de la plume d'acier. Après la craie, le crayon d'ardoise et la mine de graphite, avec la plume, l'écriture entrait dans une phase bien plus périlleuse. Ceux d'entre nous qui ont connu cette période s'en souviennent : c'était l'heure du travail "sans filet" ! Dans les *Contes du lundi*, Alphonse Daudet nous décrit l'intensité de ce moment : "La leçon finie, on passa à l'écriture… Il fallait voir comme chacun s'appliquait, et quel silence. On n'entendait rien que le grincement des plumes sur le papier."

L'outil – le porte-plume – était tout simple mais demandait une réelle maîtrise. En bois, en maillechort – alliage de cuivre, de zinc et de nickel – puis en plastique, il suivit l'évolution des matières et des techniques.

Pour aider les écoliers dans leur tâche, certains fabricants lancèrent des porte-plumes dont la forme était censée guider les doigts. A la lecture des *Arts et Métiers illustrés*, on découvre pourtant d'étonnantes conceptions de l'ergonomie : "Nous avons vu notamment à l'Exposition universelle de 1878, dans une vitrine de la maison Perry & Co, un petit instrument de torture très ingénieux, dénommé pompeusement "porte-plume orthodactyle" et destiné aux jeunes écoliers complètement neufs, pour les accoutumer à placer leurs doigts dans la position correcte…" Nombreux furent les exemples de porte-plume miracle – heureusement beaucoup moins contraignants que *l'orthodactyl penholder* – qui, sur le modèle des méthodes d'écriture, prétendaient résoudre tous les problèmes. Il y eut le porte-plume allemand Soennecken en forme de palet, le P.A.T. – "Pratique à Tenir" – avec sa version spécial gaucher.

Solidement fixée à la pince du porte-plume était la plume métallique. Ceux qui l'ont connue à l'école

évoquent avec nostalgie la célèbre plume Sergent-Major de la Compagnie française. Elle était loin d'être la plume la plus souple et avait fortement tendance à perforer la page d'écriture. Elle fut cependant la plus populaire. Les scènes de batailles qui ornaient les boîtes des Sergent-Major ne furent sans doute pas étrangères à son immense succès national.

Hors de nos frontières, il en allait tout autrement. En Belgique, on lui préférait la plume Ballon – une très belle plume à l'estampage en forme de montgolfière. En Angleterre, la plume J de Mitchell régnait dans les salles de classe, et aux Etats-Unis, la *Falcon Pen* faisait la loi. Mais quel que soit son pays d'origine, cette plume, il fallait d'abord la mettre en action, puis l'entretenir.

« Exigez la bande tricolore autour de la boîte ! » insistait la réclame. Il est vrai que la célèbre "Sergent-Major" faisait l'objet de nombreuses contrefaçons. Quelques-uns copiaient le nom : "État Major", "Gros Major"… mais la plupart des fabricants reproduisaient à l'identique sa forme spécifique.
En filigrane : billet d'honneur d'un collège communal dans la seconde moitié du XIXe siècle.

Les plumes métalliques n'étaient pas sans danger. "Entre quatre et dix ans, les enfants chahuteurs s'exposent à de graves dangers", déclarait un médecin à la fin du siècle dernier, sans compter ceux qui passaient leur temps à mâchonner leur porte-plume. Chez Blanzy-Poure, on fabriqua des modèles recouverts d'un vernis présentant "toutes les garanties d'innocuité possibles".

MÉTHODE D'ÉCRITURE
l'Enseignement de la Lecture
par
F. Dubus
Lemaire
9e Cahier
BATAILLE DE FLEURUS
CROWN OBLIQUE

Dans un hebdomadaire lyonnais de 1913, le docteur Matiffat mettait en garde les enfants contre une mauvaise habitude qui consistait à humecter une plume neuve avec de la salive pour l'amorcer. De ce fait, disait-il, "on s'introduit dans la bouche, entre les lèvres, au contact de la langue, un objet sale qui peut être imprégné de germes nocifs..."

Et le bon docteur de proposer "un moyen infaillible de faire durer une plume métallique pendant des mois malgré un usage journalier ! Plutôt que de l'essuyer avec un linge, un buvard ou un essuie-plume, il suffit de la planter dans un morceau de pomme de terre crue. Le suc de la pomme de terre décompose l'acide et les sels que contient l'encre et les rend inoffensifs." Sur un pupitre déjà bien encombré, il semblait difficile de trouver une place pour la pomme de terre du docteur Mattifat... Près de la rainure qui contenait plumes, porte-plume, crayons et gommes existait bien un logement circulaire mais il était réservé à l'encrier.

Au début du siècle, un certain Cassou eut l'idée d'un étonnant accessoire d'écriture baptisé le "stylo-guide Max". L'outil fortifiait les doigts, corrigeait la mauvaise tenue de la main, aidait aux progrès de l'écolier, diminuait sa fatigue ; le rêve ! Les établissements "Lion Noir" de leur côté offraient "aux enfants sages et studieux" cahiers, buvards et nécessaires d'écriture. "Une petite dépense épargnée à la famille !" concluait le fabricant de cirage.

Jusqu'au milieu du siècle, l'encrier d'école utilisa divers matériaux : le plomb, le verre avec capuchon en cuivre et surtout la faïence blanche. Par la suite, il fut remplacé par le "A.B. simple, gai, propre et recommandé par le ministère" ! L'encrier en question, aux initiales du fabricant A. Buysse, était en verre transparent et disposait d'un couvercle en matière plastique de couleur. Dans les derniers temps du porte-plume, il céda sa place à des modèles tout en plastique.

L'encre, le plus souvent violette, était fabriquée sur place par l'instituteur. Elle était à base de cristaux ou de comprimés très économiques.
On versait le contenu des Etuifon, des Scola et autres Gallica – trois marques d'encre pour l'école – dans une bouteille d'un litre remplie d'eau chaude, on agitait, on attendait que la préparation ait refroidi. Pour effectuer la distribution de l'encre, les volontaires étaient nombreux !

Une fois l'encre distribuée, on pouvait enfin tremper son porte-plume. La distance entre la page et l'encrier était courte, mais souvent bien trop longue pour que le contenu de la plume arrive à destination sans encombre ! Heureusement, il y avait le buvard !

Pour en vérifier la qualité, Canson proposa dans les années soixante la petite démonstration suivante : "De dix centimètres, laissez tomber une goutte d'encre sur un buvard pur chiffon, vous serez impressionné par sa rapidité d'absorption."

Canson défendait ainsi le vrai buvard, pur chiffon, bien supérieur aux papiers à base de pâte de bois. Utilisé de manière plus conventionnelle, le buvard faisait office de sous-main. Sorte de rempart parallèle aux lignes du cahier, il recentrait la zone d'écriture.

Avec un coin de buvard, on pouvait aussi, par un geste nécessairement précis, maîtriser un débordement au cœur d'une majuscule. Là, en direct, on avait sous les yeux le voyage de l'encre rejoignant le papier par capillarité.

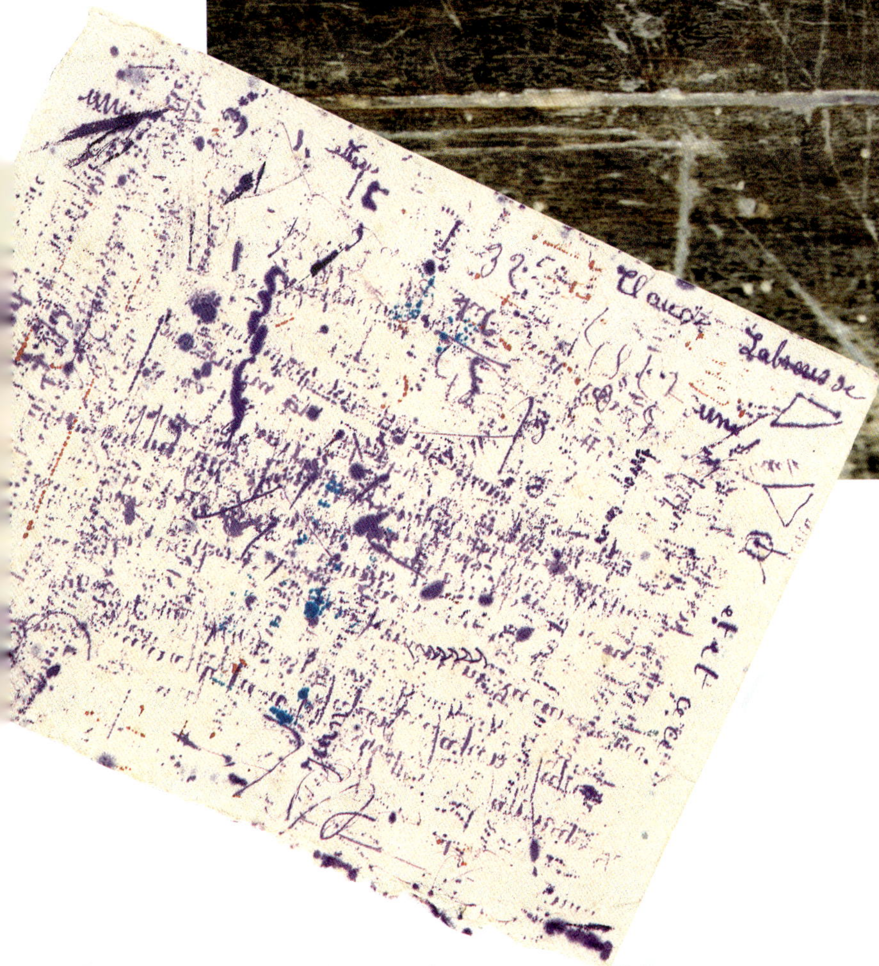

Le maître fournissait un buvard rose et sans aucune inscription. Les commerçants distribuaient des buvards abondamment publicitaires. Des denrées alimentaires aux produits ménagers, des épreuves sportives aux représentations cinématographiques, les buvards se trouvèrent au cœur de nombreuses réclames ou publicités.

De véritables campagnes de propagande les envahissaient. On y blâmait l'alcoolisme, on y louait des destins exemplaires. De Paul-Emile Victor à Pierre et Marie Curie en passant par Jean Mermoz, invariable était le slogan : "Toi aussi tu seras sobre ! "

Complices d'enfants économes, certains buvards – qu'on retrouve encore aujourd'hui au cœur de vieux cahiers – ont résisté à des centaines de phrases, au temps où chaque ligne s'accompagnait d'un geste d'absorption du surplus d'encre. Sur ces buvards, l'écriture créait ainsi des mots entiers parfaitement inversés. Un instant magique…

A la fin du XIXe siècle, dans les classes chaque écolier disposa enfin d'une place assise. Des groupes de huit à dix élèves s'installaient à des pupitres collectifs peints en noir. Malgré les recommandations et les menaces, les encriers en faïence ne gardaient pas longtemps leur blancheur et le bois des bureaux se recouvrait d'inscriptions diverses.

Un stylo pour tous !

Bic, qui avait très bien compris l'impact de ces "absorbeurs d'encre" illustrés, fit appel aux dessinateurs Raymond Savignac et Jean Effel pour promouvoir à l'école sa pointe révolutionnaire. Triste retour des choses, celle-ci allait signifier la fin du buvard.

L'attaque fut massive, la stratégie parfaitement orchestrée : nouveauté, simplicité, distance et vitesse d'écriture, les arguments étaient imparables. Les enseignants s'organisèrent, certains même entrèrent en résistance, mais en vain : l'école ne pouvait contenir les assauts répétés de la pointe bille.
A la rentrée scolaire de 1965, l'acte de reddition fut officialisé par les instructions ministérielles : "Il n'y a pas lieu d'interdire les crayons à bille qui procurent des avantages de commodité pratique, à condition qu'ils soient bien choisis."

Les années soixante à l'école furent donc les "années-bille". Etait-ce la fin du porte-plume et de sa plume d'acier ? Une esthétique de l'écriture – qui, aux yeux de certains, passait pour être laborieuse et parfois rébarbative – allait-elle définitivement disparaître des cahiers d'écoliers ?

Avec l'invasion de la pointe bille, plumes et porte-plumes furent effectivement vite abandonnés. Cependant, avec l'évolution des techniques de fabrication, de nouveaux stylos-plume bon marché – mais de qualité – firent leur apparition. De plus, la cartouche plastique assurait une totale sécurité à leurs utilisateurs. La plume – du stylo, cette fois – n'avait pas dit son dernier mot ! Ecoliers, lycéens et étudiants accédaient enfin à des outils qu'ils ne connaissaient jusqu'alors qu'entre les mains des adultes. Avec les Waterman Flash et X Pen, le Sheaffer 101, le Bayard Excelsior, le Parker Student... les jeunes découvraient le plaisir de posséder un vrai stylo-plume.

L'apparition des effaceurs dans les années soixante-dix rendit définitivement aisée l'utilisation du stylo : la correction était immédiatement possible.

Au milieu d'un large éventail de stylos-billes et de feutres – disposant eux aussi de bonnes qualités techniques –, les stylos-plume ont aujourd'hui leur place dans la trousse de l'écolier. Certains modèles lui sont tout spécialement destinés : le Lamy ABC permet "d'apprendre à écrire en s'amusant". Outre son excellente ergonomie, chaque enfant peut y apposer son nom en signe d'appropriation. Le corps du stylo est même prévu pour être mordillé sans danger !

Sur 3000 langues parlées dans le monde, seulement 100 s'écrivent... par ceux, du moins, qui le peuvent. Un monde sans analphabètes, où chacun apprend à lire et à écrire, telle est la mission que s'est fixé l'Unesco – ici dans une école des îles du Cap-Vert, au large du Sénégal.

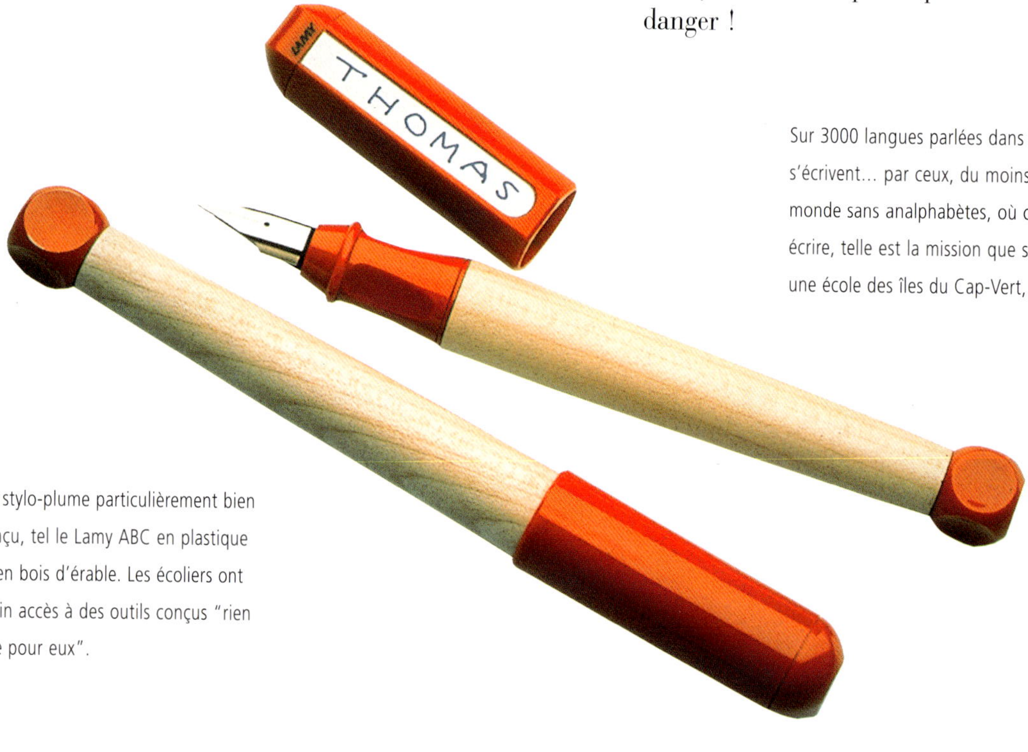

Un stylo-plume particulièrement bien conçu, tel le Lamy ABC en plastique et en bois d'érable. Les écoliers ont enfin accès à des outils conçus "rien que pour eux".

Complice de nombreux écoliers d'aujourd'hui, le Stypen UP a su séduire un jeune public avide de formes nouvelles. Cet amusant petit stylo-plume n'est pas un simple objet de design, il procure une écriture de qualité qui réconcilie la plume, l'encre et la modernité.

Les petits enfants ont besoin de gros instruments, faciles à tenir en main, des craies, des feutres de couleur, des crayons surdimensionnés. Le papetier suédois Ording et Réda a fait appel à un instituteur pour concevoir certains de ces crayons (page ci-contre).

Le Stypen Up, à plume rentrante, remet en vogue la technique du *safety* : en vissant ou en dévissant l'extrémité du corps, la plume apparaît ou disparaît à volonté. Quant au V Pen de Pilot, il a l'apparence d'un "vrai stylo", à ceci près que, n'étant pas rechargeable, il ne vit qu'une fois. Les stylos-plume ont eux aussi leurs "jetables". La société de consommation est passée par là...

Entre l'école que fréquentaient nos grands-parents et celle des enfants d'aujourd'hui, les différences sont nombreuses. Edouard Bled, l'homme de la célèbre grammaire, résume ainsi le pouvoir que donnait l'écriture il y a plus de cinquante ans : "L'écriture était fort prisée en ce temps-là... Celui qui avait conscience d'avoir "une bonne et belle main" complétée par une orthographe correcte avait des atouts majeurs dans son jeu et était assuré de trouver une situation convenable."

Toutefois, on remarque que si le monde du travail a subi de profondes mutations, les programmes officiels les plus récents – datés de 1995 – n'abandonnent pas cet aspect formel de l'écrit : "Le maître veillera tout particulièrement à ce que les élèves portent une très grande attention à la tenue et à la présentation de leurs cahiers, à la qualité tant formelle qu'orthographique de leurs travaux."

Si "la belle écriture" ne fait plus partie des apprentissages fondamentaux, elle n'a pas disparu pour autant et appartient désormais au domaine des arts graphiques. Le succès des calligraphes, y compris dans les classes, révèle cependant que la sensibilité des enfants à l'esthétique des mots est toujours bien vivante.

L'école d'aujourd'hui a d'autres ambitions : l'écriture n'est plus une fin en soi. On lui attribue d'autres fonctions et non des moindres, à savoir : être un outil de communication, d'expression et de mise en mémoire, une définition somme toute éternelle qui rappelle peut-être qu'une invention vieille de plus de six mille ans a encore quelques beaux jours devant elle.

matin!

Le stylo ou le rêve américain

Répondant au besoin de l'écriture en tous lieux, en toutes situations, le stylo-plume est le premier "outil idéal" de notre civilisation de l'écriture. Une plume, un corps, de l'encre à l'intérieur, quoi de plus simple !

Compagnon de quelques instants ou de toute une vie, il est l'objet personnel par excellence ; on ne prête pas un stylo, il ne supporte qu'une main, qu'une tenue. Pour que sa plume se mette à vivre – comme un prolongement du corps de celui qui écrit –, il faudra des pages et des pages : certains outils s'apprivoisent peu à peu. A une époque où le monde nous offre si peu de confidents pour nos moments de solitude, prendre un stylo sous les doigts est toujours l'évasion instantanée d'un geste-plaisir, ne serait-ce que pour noter un rendez-vous ou griffonner quelques mots sur un Post-it. Qu'il soit simple outil du scribe ou sceptre du prince, classique et élégant ou coloré et insolent, le stylo-plume est le réservoir des traces de notre mémoire. On aime l'offrir... On aime aussi le recevoir. Cadeau traditionnel, en sa compagnie, des générations de communiants ont communié. Et que dire des regards volés aux vitrines et présentoirs qui le sacralisent ?

Monsieur Waterman

Le stylo-plume que l'on achète aujourd'hui est l'héritier direct de celui que Waterman ou Parker fabriquaient de leurs mains dans des ateliers de fortune. Bien sûr, les formes, les matières ont évolué, les petits inventeurs du début du siècle ont donné naissance à des firmes d'ampleur internationale où le marketing est roi ; mais l'outil lui-même est à ce point semblable et inchangé que l'usage quotidien de nombreux stylos du passé est non seulement possible, mais aussi parfaitement agréable.

Les cent années qui ont suivi sa naissance américaine ont été marquées par de grands succès, mais aussi des temps difficiles. Avec la disparition de firmes prestigieuses dont il ne reste aujourd'hui que des souvenirs, le stylo-plume a cent fois "frôlé la mort". Le stylo-bille et ses héritiers ont bien failli l'éliminer, le rayer de la carte d'un monde dont il a tant de fois signé la paix. Mais après chaque défaite, il a redressé la tête. "L'ancêtre" est encore aujourd'hui bien vivant, lui qui commença sa vie à New York, dans une modeste arrière-boutique.

Main de Colette corrigeant un manuscrit avec son Parker Duofold Mandarin sous le regard de son chat.
« Beaucoup d'écrivains disent que le chat les aide à écrire, raconte Bernard Pivot. Les miens jouent comme des fous avec mes stylos, ils ont d'ailleurs des gestes très élégants pour les tenir... »

De plus petite taille que les modèles "homme", les stylos "Lady"conviennent aux mains féminines. Cette parure Waterman dispose de capuchon "à bélière". On peut y attacher un ruban. Le corps de ce véritable bijou est un décor *filigree* (or découpé et ajouré).

Parmi les toutes premières séries de stylos Waterman, ce « Regular Cone Cap » de 1898, le porte-plume réservoir dans sa plus simple expression...

Le temps des inventeurs

New York, 1884 : l'homme était heureux, heureux d'avoir accepté la proposition d'une insertion publicitaire dans un journal à fort tirage. Les résultats dépassaient toutes ses espérances. Il ajusta ses petites lunettes rondes et se mit à ouvrir son volumineux courrier. De partout, les commandes affluaient, de New York bien sûr, mais aussi du pays tout entier ; particuliers, détaillants, grossistes... tout le monde voulait un "Ideal Fountain Pen".

Comment allait-il faire, lui qui avait l'habitude de fabriquer ses stylos presque entièrement à la main, lui dont les clients étaient devenus des amis qui le tutoyaient et l'appelaient par son prénom : Lewis-Edson !

Il lui revint en mémoire son premier porte-plume-réservoir, celui qui avait tout déclenché. A l'époque, il était assureur et, pour survivre, il "chassait le contrat". Il revoyait le lieu du rendez-vous : un chantier bruyant avec des grues envahissant le ciel, son client, un homme sévère et pressé... et ce maudit stylo qui était resté muet pendant de trop longues secondes avant de délivrer joyeusement la presque totalité de son réservoir sur le contrat qu'ils allaient enfin signer !

Après l'échec, Lewis-Edson n'avait pas baissé les bras : il voulait comprendre. De retour chez lui, il avait entièrement démonté le stylo. Patiemment, à l'aide d'un simple canif, d'une scie et d'une lime, il avait coupé, taillé, meulé le conduit qui était censé guider l'encre.

Et Lewis-Edson avait enfin trouvé ce que personne avant lui n'avait encore imaginé : un conduit qui permettait à l'encre de rejoindre progressivement la plume pendant que l'air entrait dans le réservoir. Grâce à ce nouveau système, l'écriture régulière et prolongée était enfin possible, grâce à Lewis-Edson, l'Amérique achevait de concevoir le *fountain pen*, le porte-plume-réservoir, un instrument qu'elle concoctait depuis presque un demi-siècle. Déjà, de nombreuses questions avaient trouvé réponse. Avec l'iridium, métal très rare et trois fois plus dur que le rubis, on avait résolu le problème de l'usure prématurée des plumes en or.

Les mésaventures de monsieur Waterman, ou comment un assureur malchanceux devint l'un des plus grands fabricants de stylos-plume.

Dès 1840, George W. Sheppard mit en œuvre à Detroit la fabrication de plumes "à pointe d'iridium". Puis, le corps du stylo avait pris forme mais aussi matière, grâce à l'ébonite, un matériau simple, solide et indéformable. On l'obtenait par un mélange de soufre et de caoutchouc qu'on chauffait ensuite. C'était là une application directe de la découverte de Charles Goodyear, l'inventeur de la vulcanisation.

De Boston à Cincinnati, de New York à Chicago, les modèles de porte-plume-réservoir florissaient de toutes parts, certains même se vendaient bien.

Malgré l'audace de leurs dénominations – "la plume du siècle", "le parfait"... –, la plupart n'étaient pas sans défauts ! Il subsistait un problème, et non des moindres : le débit de l'encre ; soit elle ne sortait pas, soit tout d'un coup !

Lewis Edson n'était pas un professionnel mais un simple utilisateur de *fountain pen* parmi tant d'autres Américains. Né dans l'Etat de New York en 1837, il avait rejoint l'Illinois. Charpentier l'été, maître d'école l'hiver, c'était un autodidacte énergique et doué d'un excellent sens des affaires. A son retour à New York, il s'était lancé dans les assurances et, depuis la mésaventure du contrat maculé d'encre, il n'avait eu de cesse de trouver une solution pour corriger un défaut qui venait de lui coûter cher. A force d'essais et de bricolages et surtout grâce à trois petites encoches ménagées dans le conduit capillaire de son stylo, il venait d'atteindre enfin son but : l'encre sortait du réservoir à la demande.

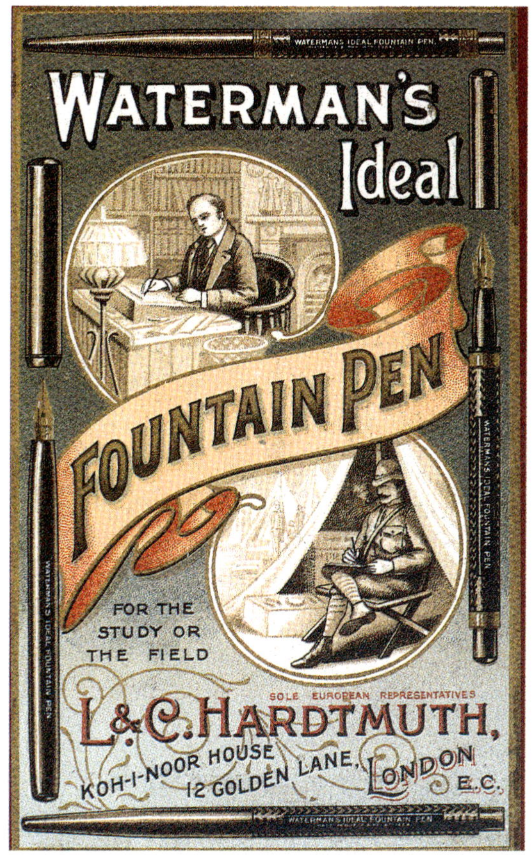

Que ce soit au bureau ou sous la tente, Waterman est le stylo idéal ! Cette affiche, qui présente à la clientèle britannique les tout premiers modèles de la marque, s'enrichit d'un détail amusant. En effet, l'importateur européen n'est autre que le fabricant de crayon Hardtmuth, qui a baptisé sa résidence londonienne "Koh-I-Noor", du nom d'un crayon célèbre !

Nous étions à New York, en 1884, à l'angle de Fulton Street et de Nassau Street. L'établi de Lewis Edson était une simple table de cuisine, son atelier, l'arrière-boutique d'un marchand de cigares. Dans la rue, seule une modeste enseigne signalait son petit commerce : "Waterman's Ideal Fountain Pen".

Bon an mal an, Lewis Edson Waterman vendait quelques centaines de porte-plumes réservoir, juste de quoi vivre. Sans l'annonce publicitaire qui venait de le propulser au premier rang des fabricants de stylos fiables, Waterman, déjà quinquagénaire, n'aurait peut-être jamais quitté son petit atelier. Le succès fut foudroyant, la nouvelle entreprise Waterman installa ses bureaux dans un immeuble de six étages dans Courtland Street. Deux usines furent aussitôt construites, l'une à New York et l'autre à Seymour, dans le Connecticut.

Deux cœurs, une seule pensée, deux stylos qui écrivent à l'unisson... Le Waterman permet de correspondre avec l'être aimé, où que l'on soit ! De plus, le nouveau capuchon "clip cap" dispose enfin d'une agrafe, pour un usage plus pratique et pour avoir, en toutes circonstances, une plume sous la main.

Non ce n'est pas la bouteille qui est géante, c'est le stylo qui est de la taille d'une allumette. Il s'agit du "doll pen" (stylo de poupée) – une merveille de miniaturisation. Fabriqué dans les années dix par Waterman, il est aujourd'hui d'une très grande rareté.

Waterman s'entoura de collaborateurs précieux dont William Ferris qui assura le développement international de la marque – implantation d'une usine à Montréal, présence sur le marché européen.

En 1900, à l'Exposition universelle de Paris, ce fut la consécration : le Waterman Ideal Fountain Pen Company obtint trois médailles : bronze pour Ferris, argent pour le fondateur, or pour la compagnie ; le podium idéal ! Notre XXe siècle allait débuter, un nouvel outil de communication entre les hommes, partait à la conquête du monde. Faisant franchir à la technique de l'écriture un prodigieux bond en avant, l'Amérique "prenait la main".

Waterman mais aussi Parker, Sheaffer, Conklin et la Wahl Company, les cinq grands des origines, commercialisaient enfin une plume nouvelle qui s'était émancipée de la tutelle de l'encrier.

George Parker, autre grand inventeur, était originaire du Wisconsin. Né en 1863, ce fils d'une famille d'immigrants britanniques partagea son adolescence entre les travaux de la ferme familiale et les études.

Diplôme universitaire en poche, il devint enseignant dans une école de télégraphie. Pour gagner quelque argent supplémentaire, Parker vendait à ses élèves des stylos John Holland, une firme de Cincinnati. Ces derniers n'étaient pas sans défauts et, le soir après les cours, le professeur réparait lui-même les stylos de ses étudiants… jusqu'au jour où il prit la décision de fabriquer ses propres modèles. En guise d'atelier, Parker disposait de sa seule chambre d'hôtel.

Avec le soutien financier d'un agent d'assurances qui s'était passionné pour ses réalisations, George Parker fonda en 1888 la Parker Pen Company. Sa première grande invention fut en 1895 le *Lucky Curve*, un conduit d'alimentation coudé qui renvoyait l'encre dans le corps du stylo lorsque celui-ci n'était pas utilisé. Finies les taches sur les doigts ou sur les costumes. Parker ouvrait l'ère du "stylo propre" !

Du capuchon jusqu'au réservoir, de l'agrafe au conduit d'alimentation, pendant plus de trente ans, la compagnie allait être à l'origine de la plupart des brevets importants de l'histoire du stylo.

Le premier conflit mondial ne ralentit en rien la créativité de la firme et lorsque l'Amérique vint au secours de l'Europe en guerre, Parker fournit aux soldats le *trench pen* – le stylo des tranchées. Pour recharger cette arme nouvelle, les combattants disposaient de minuscules pastilles d'encre qui, mélangées avec de l'eau directement dans le corps du stylo, leur permettaient de continuer à écrire… sous les bombes !

En 1906, Waterman invente le "Safety" (sécurité) : en vissant ou dévissant l'arrière du corps du stylo, la plume rentre ou sort à volonté. C'est un excellent argument de vente et les clients sont aisément conquis. Il leur est bien plus facile d'emporter avec eux un modèle safety « quel que soit l'endroit où l'esprit a besoin de s'exprimer, en canot, à la plage… »

Le Waterman *regular taper cap* est produit entre 1902 et 1907. Le remplissage de ce porte-plume s'effectuait en versant directement l'encre dans le corps du stylo.

En 1898, Roy Conklin, de Toledo dans l'Ohio, avait eu le premier une idée très astucieuse : un croissant métallique fixé sur le corps du stylo permettait de comprimer un réservoir souple. Plus besoin d'accessoire pour remplir son stylo ; c'est le stylo lui-même qui faisait office de compte-gouttes. La plume allait à l'encre, le remplissage s'effectuait par aspiration.

Aux dires de Roy Conklin, le "Crescent filler" faisait de ce nouvel instrument "une véritable bête de somme, l'outil pour l'homme d'affaires, prêt à travailler et travailler encore, prêt à écrire en toutes situations, des plus ordinaires aux plus insolites". Malgré sa parfaite efficacité, cette excroissance sur le corps de l'objet apparut disgracieuse aux yeux de certains. La bataille entre fonctionnalité et esthétique était engagée. Il fallait innover, innover sans cesse, ce que ne fit pas Conklin. Malgré des productions de très grande qualité, il fut mis "hors course" dès les années vingt. La marque s'éteignit définitivement en 1949.

Dans cette amusante publicité (ci-dessus), Parker n'omet pas de rappeler sa géniale invention, le "Lucky Curve" – qui assure au stylo une propreté inconnue jusqu'alors. La marque américaine met aussi l'accent sur la douceur d'écriture que procurent ses stylos : les chats ont des griffes, pas les Parker !

C'est précisemment en observant le *crescent filler* de Conklin que Walter Sheaffer, né en 1867, imagina un autre système autonome de remplissage. Walter était bijoutier et fils de bijoutier. Après ses études et l'apprentissage du métier, il s'associa à son père.

La boutique vendait aussi des stylos de luxe et, tout naturellement, Sheaffer, qui avait en main tous les modèles du marché, imagina son nouveau procédé : le levier. Totalement intégrée au corps du stylo, une manette actionnée comme une pompe se soulevait à la demande et faisait pression sur le réservoir-poche d'encre. Le système était moins efficace que le "croissant" de Conklin, mais tellement plus esthétique ! Une fois les brevets déposés, Sheaffer, alors âgé de quarante-cinq ans, fonda avec quelques associés la Sheaffer Pen Company. Les plus grands tentèrent de copier son système. La bataille juridique qui s'ensuivit lui donna cependant raison.

En filigrane, l'image d'une Amérique à la conquête du monde de l'écriture : les cinq grands des origines (Waterman, Parker, Wahl, Sheaffer, Conklin) multiplièrent les trouvailles et les inventions. Leur art du marketing et de la publicité fit le reste. Un stylo entre les serres, l'aigle américain régnait sur la terre entière.

Entre-temps, Sheaffer s'était initié à la fabrication de plumes de qualité. Fin 1920, le premier stylo, entièrement réalisé dans les ateliers de la marque, fit son apparition sur le marché. La firme a connu depuis lors une renommée qui n'est pas près de s'éteindre.

Avec la Wahl Eversharp Company, on n'était déjà plus à la glorieuse époque des pionniers : on entrait directement dans le monde des affaires.

Tout commença par le rachat en 1915 d'une société japonaise, l'Ever Sharp Pencil, qui venait de lancer avec succès sur le marché américain un portemine mécanique à poussoir d'une grande fiabilité. L'outil, qui permettait – selon le constructeur – d'écrire 250 000 mots avec une seule recharge, devint à ce point populaire qu'on employait le mot *eversharp* pour désigner tous les portemines de l'époque ! Après ce premier succès, la Wahl décida d'investir dans le stylo et racheta la "Boston Fountain Pen Company", récupérant au passage quelques brevets importants. Wahl utilisa l'image des portemines Eversharp pour assurer la promotion de ses stylos et, très vite, les ventes s'envolèrent. L'ascension fut à ce point rapide qu'en cinq ans à peine, entre 1915 et 1920, la Wahl devint l'un des principaux leaders dans le domaine des objets d'écriture de qualité.

Après l'invention du remplissage par levier (en 1908), Sheaffer inventa en 1920 le "Lifetime", un gros stylo en ébonite noire doté d'une plume garantie à vie ! On pouvait faire graver son nom sur le capuchon, la garantie était inconditionnelle. Ajourd'hui, sur les modèles "haut de gamme", les grandes marques proposent souvent une garantie à vie qui s'applique à l'acheteur d'origine.

La Grande Guerre vient à peine de commencer, il faut des stylos pour les soldats des tranchées. Parker invente, en 1914, un modèle spécial qui fonctionne avec une encre à base de comprimés solubles dans l'eau. Le marché est énorme, Waterman emboîte le pas.

Dès mars 1903, Waterman fit paraître une revue nommée *The Pen Prophet*, véritable bible du stylo. Destinée aux revendeurs, elle créait avant l'heure un réseau de communication interne à l'entreprise.

Avant d'arborer leur célébrissime étoile de neige à six branches, les capuchons des stylos de la société allemande "Simplo filler pen" furent dotés fin 1910 d'une extrémité totalement blanche. Le mot "Montblanc", qui ne deviendra définitif que dans les années trente, s'inscrivait déjà dans le paysage – et sur le corps du stylo.
Peu de temps après la parution de cette affiche publicitaire, datée de 1913, la petite étoile blanche atterrit définitivement au sommet (du capuchon) du "stylo Montblanc".

L'âge d'or

Depuis l'invention de Waterman, plus de trente ans s'étaient déjà écoulés. Dans l'Amérique des années vingt, le stylo était devenu non seulement un outil à la fois populaire et pratique mais aussi un objet très personnel qu'on arborait déjà comme un signe de réussite sociale ou d'appartenance au monde des affaires.

La fonction imaginaire du stylo était en marche ! Les fabricants l'avaient bien compris : le succès des ventes dépendrait en grande partie de puissantes campagnes publicitaires. De plus, il leur faudrait à la fois créer pour le plus grand nombre mais aussi répondre aux commandes spéciales d'une clientèle qui recherchait avant tout le luxe et l'orfèvrerie. Ce fut l'âge d'or. De prestigieuses séries côtoyaient des modèles recouverts de métaux précieux : les plus beaux stylos du monde… un monde dont les frontières n'allaient pas se limiter aux Etats-Unis, coupables "d'impérialisme stylographique" !

Partout, mais surtout en Europe, de nombreuses marques avaient fait leur apparition.

En Allemagne, certains grands noms de la plume métallique avaient tenté leur chance : Soennecken, un des pionniers allemands, dès 1890 puis Heintze und Blanckert quelque temps plus tard. Dans les premières années du siècle, on avait enregistré d'autres naissances importantes : Kaweco à Heidelberg, Simplo Filler Pen Co à Hambourg.

Cette dernière changea de nom dans les années vingt pour devenir Montblanc et se hisser vers les sommets de stylos-plume de luxe.

Puis il y eut Pélikan, qui inventa en 1929 le remplissage par piston, Lamy, qui en 1933, eut l'idée du "Combo" : stylo d'un côté, portemine de l'autre !

En Grande-Bretagne, dans les années trente, Mabbie Tod créa la marque Swan, "la plume de l'empire britannique". Dans l'Europe entière, le stylo Swan devint synonyme de luxe et de qualité. De La Rue – qui détenait depuis 1880 le monopole de l'impression des timbres de la poste britannique – lança en 1905 l'Onoto, un stylo dont le nom avait l'avantage d'être facile à retenir en quelque langue que ce soit ! A l'image des modèles américains, l'Onoto fut pendant la Première Guerre mondiale le compagnon de tranchées des soldats britanniques.

La marque anglaise De La Rue qui fabriquait les stylos Onoto évoqua plusieurs fois des symboles guerriers dans ses publicités. Cornemuses en tête, des bataillons entiers armés de stylos partaient au combat. Des hommes d'affaires couchés à même le sol rêvaient de batailles et de victoires commerciales. Onoto s'affichait comme "l'arme moderne dans la lutte des affaires". "De quoi écrire pour la vie" était heureusement un slogan plus pacifique.

D'un doigt (à droite) ou d'une main (à gauche), le remplissage à levier du stylo Swan s'effectuait avec facilité. Présenter au public européen la technique du levier en 1925 (année de cette affiche) n'avait pourtant rien de révolutionnaire puisque le système existait aux Etats-Unis depuis une bonne quinzaine d'années.

En France, personne n'avait oublié qu'en inventant dès 1740 "la plume sans fin" Nicolas Bion, ingénieur à la cour de Louis XIV, était véritablement l'un des pères du porte-plume-réservoir. Son modèle disposait d'un corps-réservoir et d'un conduit guidant l'encre vers un bec de plume d'oie. En 1864, Jean-Benoît Mallat mit au point son "Syphoïde" qui, selon la notice, contenait "assez d'encre pour écrire pendant deux jours". Dans les deux cas, on était encore loin du conduit capillaire de Waterman ! Les établissements Mallat, bien connus pour leurs plumes métalliques, ne reprirent la fabrication de stylos qu'en 1920 pour cesser toute activité dans ce domaine vers la fin des années cinquante. On doit à la marque Stylomine, autre maison française, un modèle de grande qualité : le "303". Il disposait d'un système de remplissage très original : une poire en caoutchouc dissimulée à l'extrémité du corps. Puis il y eut Bayard, Gold Starry, Edacoto, Météore, des marques elles aussi aujourd'hui disparues.

Rien n'a changé, Pierrot réclame toujours une plume pour écrire... Ce n'est plus la traditionnelle plume d'oie, c'est un Mallat Plexigraf ! Les années vingt et trente furent pour le stylo français une période d'âge d'or, mais la fin de la Seconde Guerre annonça le chant du cygne pour de nombreux fabricants. Mallat résista avec le Plexigraf jusqu'à la fin des années quarante puis il lança le Visor Pen.

Auprès de Mallat, Edacoto participa à l'élaboration du Visor Pen, encore bien vivant dans la mémoire des lycéens des années soixante. Dans les années trente, Edacoto s'était déjà fait remarquer en créant un modèle qui disposait d'un réservoir de secours. Finies les pannes sèches !

La grande maison française reste l'importateur de Waterman : JIF. La marque fondée en 1926, par Jules-Isidore Fagard, multiplia les succès : le renouveau de la cartouche en 1936, le CF, premier stylo à cartouche plastique, en 1954.

En 1969, l'arrivée de Francine Gomez, petite-fille du fondateur, à la tête de l'entreprise, donna un nouvel élan à la société. A l'occasion du centenaire de Waterman, elle lança en 1983 le Man 100, un modèle de prestige encore en fabrication aujourd'hui. En 1987, la marque rejoignit un puissant groupe américain. Au sein de Gillette Ecriture, Waterman côtoie désormais Parker !

En Italie, cette fois, un jeune horloger de trente-quatre ans, Simoni, créa en 1925 à Bologne, la marque Omas *(Officine Meccaniche Armando Simoni)*. Ses réalisations atteignirent d'emblée un très haut niveau de qualité, tant technique qu'esthétique. Après le Paragon à douze facettes, créé au début des années trente, et toujours en production, le Lucens, à l'esthétique originale, conquit à la fois les Etats-Unis et l'Europe. Aujourd'hui encore, Omas tient une place importante dans de nombreux pays et réalise régulièrement des séries limitées à l'occasion d'événements internationaux : les cinquante ans de l'Unicef, les trois mille ans de Jérusalem, le traité de Maastrich, le retour de Hong Kong à la Chine… Avec le 360, un étonnant modèle contemporain dont le corps à trois facettes assure une excellente tenue en main, la maison affirme sa volonté d'imaginer les stylos du prochain millénaire.

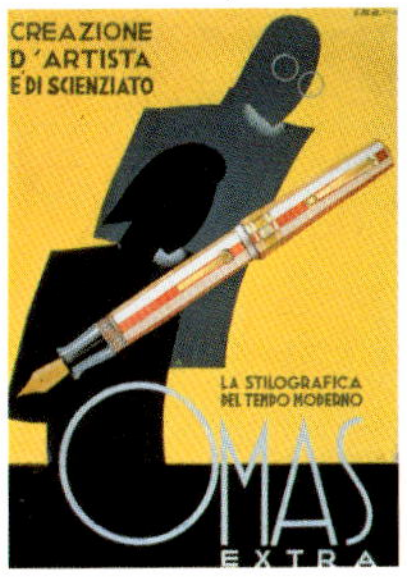

Le fondateur d'Omas, Armando Simoni, était horloger. Toute sa vie, il fut à la recherche du parfait équilibre entre esthétique et technique. Conjuguant ces deux qualités, l'Omas Extra s'affirma naturellement comme le stylo des Temps modernes.

L'autre grande maison italienne, Aurora, naquit à Turin au tout début des années vingt. S'appuyant sur l'épopée mussolinienne, elle utilisa un formidable vecteur de promotion de ses produits : en 1935, l'Etiopia, un stylo de guerre en Celluloïd couleur sable accompagna les troupes italiennes en Abyssinie. Plus pacifiquement, dans les années cinquante, l'Aurora 88 Duocart fut le premier stylo dont le corps contenait un réservoir de secours. Toujours en fabrication, le 88 reste le modèle de référence de la marque italienne.

Le Japon ne fut pas en reste : on doit à la firme Pilot de nombreuses évolutions tant dans le domaine de la technique que du design : le Capless, un stylo à plume rétractable, le Murex dont la plume et le corps ne font qu'un.

Grâce à un large éventail d'outils modernes, Pilot rayonne aujourd'hui mondialement. On doit aussi à la firme nippone les légendaires Namiki, dont chaque exemplaire est une véritable œuvre d'art. Ces stylos en laque sont aujourd'hui les plus coûteux des instruments d'écriture pour collectionneurs.

La marque japonaise Namiki illustre le maintien d'une tradition d'excellence dans la fabrication de stylos-plume contemporains. L'art millénaire de la laque s'exprime avec la même exigence que par le passé, chaque Namiki est une œuvre d'artiste : il est unique.

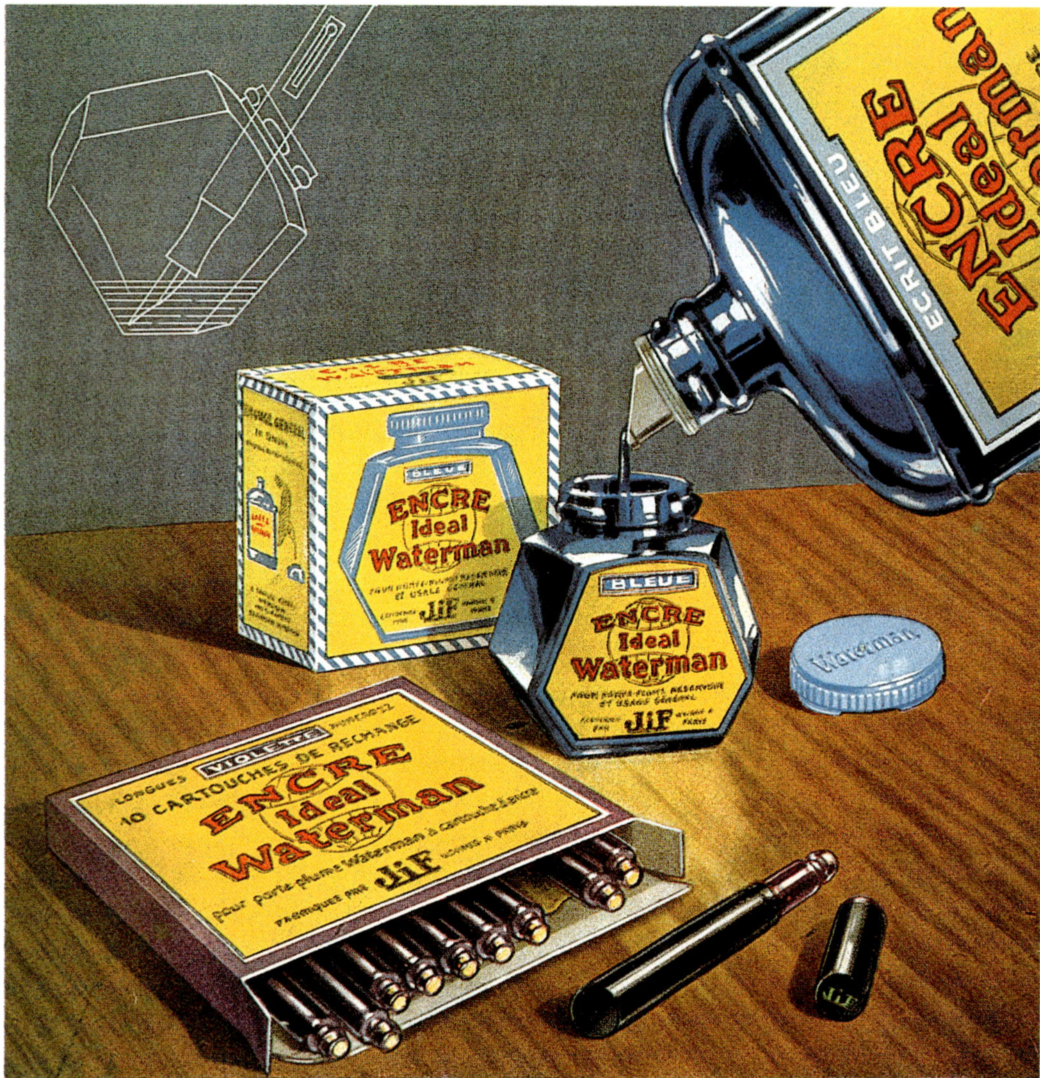

1938 : cela fait deux ans que JIF, l'importateur français de Waterman, a lancé la cartouche. Cette composition de divers accessoires – boîtes de cartouches, étui de voyage pour cartouche individuelle, flacon d'encre biseauté et grande bouteille d'un litre – identifie le style graphique de la maison dans les années trente.
Le document présente aussi le stylo Ink View (à niveau d'encre visible) dans une "semi-traduction" (Ink-Vue !).

En quête de liberté

Dans le corps du stylo était l'encre. Dès que le débit en fut maîtrisé, chacun se mit à la recherche du meilleur système de remplissage. Après le compte-gouttes des origines, le plongeur, le croissant de Conklin, le levier de Sheaffer, le piston de Pélikan, Parker ou Montblanc… la liste est longue des systèmes – parfois aléatoires – qui se développèrent.

La plupart nécessitaient un peu d'habileté et en tout cas la proximité d'une bouteille ou d'un remplisseur pour stylos : l'autonomie totale n'existait pas encore… et pourtant, six ans à peine après la découverte de Lewis Edson Waterman, en 1890, l'Eagle Pencil Company, installée à New York depuis trente ans et plutôt spécialisée dans le domaine du crayon, développa une idée géniale : un stylo équipé d'un réservoir amovible en verre. Eagle venait d'inventer la cartouche ! Cependant, bien que le système eût un réel succès, il fut abandonné quelque temps plus tard… La cartouche fuyait : faux départ !

L'idée fut relancée dès 1927 par l'un des chercheurs de JIF, l'importateur français de Waterman. M. Perraud avait étudié le principe d'une capsule contenant l'encre, une recharge, elle aussi en verre, obturée par un bouchon de liège et qui se fixait directement sur le corps du stylo. Les premières cartouches furent commercialisées en 1936. L'accueil fut triomphal. Pour répondre à la demande, JIF fut obligé d'ouvrir une nouvelle usine d'encre à Issy-les-Moulineaux.

Le principe resta l'exclusivité de la société pendant vingt ans. En 1954, associée au nouveau stylo de la marque – le Waterman C.F. Cartridge Filler –, la cartouche en plastique supplanta le verre, conférant enfin au stylo une autonomie et une sécurité totales. La plupart des stylos vendus dans le monde utilisent encore aujourd'hui deux des principaux brevets de Waterman : la cartouche bien sûr mais aussi le conduit capillaire apparu il y a plus d'un siècle sur le premier stylo de la marque.

La plume et le corps !

Il faut avoir "goûté" à certaines plumes équipant les stylos des années trente pour en connaître l'extraordinaire souplesse qui n'est pas sans rappeler celle des meilleures plumes métalliques. L'Angleterre, pourtant bien entraînée à cet exercice, ne sut pas accompagner la plume d'or dans son envol. Métal noble, complété bien sûr par une pointe d'iridium qui le protège d'une usure prématurée, l'or équipa la plupart des modèles jusque dans les années quarante. Quatorze ou dix-huit carats, c'était selon les pays.

L'Amérique du Nord domina longtemps le marché mondial. Très vite les fabricants proposèrent des plumes plus ou moins souples, aux becs plus ou moins larges : on se devait de respecter la diversité des scripteurs.

"Il n'existe pas d'objet plus personnel que le stylo. Rien n'apportera plus de satisfaction… qu'une plume parfaitement adaptée à sa main. Entre six types de pointes : extra-fine, fine, médium, large, italique et oblique, à vous de choisir." C'est ainsi qu'en 1932 Parker présenta ses nouveaux modèles.

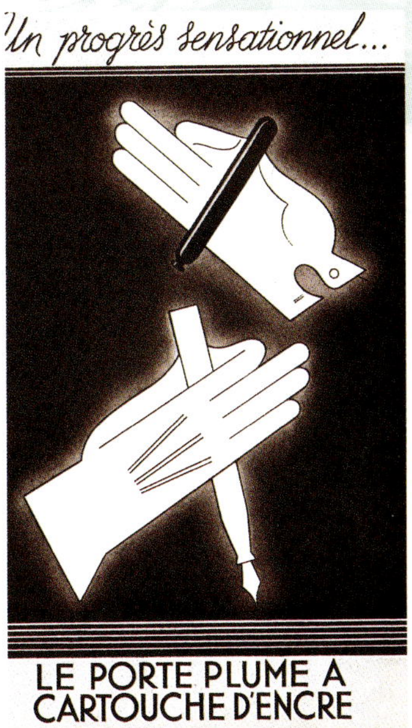

A plusieurs reprises, JIF édita des document vantant les multiples avantages du "flacon d'encre directement dans le stylo". Simplicité, recharge facile, niveau toujours visible, sécurité… et, surtout, pas de doigts tachés : "Vous pouvez le recharger même en gants blancs !"

La même année, Eversharp s'écria : "Tout le monde n'écrit pas de la même manière ! Tout le monde ne tient pas son stylo de la même façon ! Tout le monde n'écrit pas en exerçant la même pression sur le papier ! Naturellement, tout le monde n'a pas besoin de la même plume !" C'est Wahl Eversharp qui, toujours en 1932, eut l'idée la plus astucieuse : une plume *adjustable* équipée d'un curseur mobile qui, selon sa position, permettait d'en réduire ou d'en augmenter la souplesse.

Quelques années plus tard, en 1948, Omas proposa le 361, doté cette fois d'une plume réversible. Il suffisait d'effectuer avec le stylo une rotation d'un demi-tour pour que la plume totalement inversée produise une écriture bien plus fine.

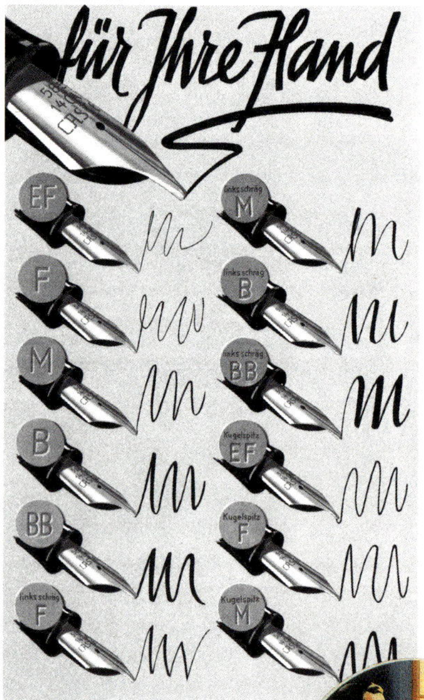

Dans les années soixante, Faber-Castell donnait à choisir entre douze modèles de plumes différents. La plupart des marques en proposent aujourd'hui entre cinq et huit.

Pour contrôler le niveau d'encre d'un "Vacumatic", il suffisait de l'approcher d'une source de lumière.

Jusque dans les années soixante-dix, Parker développa plusieurs modèles de plumes réglables. Qu'il s'agisse de dévisser un peu le bloc-plume, de lui adjoindre une molette de réglage ou encore de réaliser une plume orientable, les idées ne manquaient pas.

Aujourd'hui, seules quelques grandes maisons fabriquent elles-mêmes leurs plumes. Montblanc y consacre annuellement sept cents kilos d'or : un vrai trésor ! Ce travail précis qui demande des dizaines d'opérations minutieuses est le plus souvent confié à Muschler et à Schmidt, deux entreprises munichoises réputées. La diversité des plumes d'or est toujours d'actualité, les firmes proposant le plus souvent, entre cinq et dix largeurs différentes. Chacun peut ainsi choisir la plume qui lui apportera le meilleur confort d'écriture. Cependant, notre pratique ayant évolué, ces plumes contemporaines sont pour la plupart beaucoup plus rigides que celles des anciens modèles.

A la fin du XIXe siècle, lorsque les fabricants prirent la décision d'utiliser l'ébonite pour la fabrication des stylos-plume, ils en connaissaient les qualités. Elle était peu onéreuse, solide, indéformable et surtout stable vis-à-vis de l'encre avec laquelle elle était directement en contact.

L'ébonite limitait cependant la fabrication à deux couleurs de base : le rouge et le noir. La combinaison de ces deux tonalités créait des veinages semblables au fil de certains bois qu'illustrent parfaitement les *Waterman Ripple* diffusés entre 1926 et 1930.

Quittant la sévérité des stylos en ébonite noire, au début des années vingt, Parker lance le Duofold Orange. Photo de famille... les grands modèles de stylos et de portemines "Senior" sont destinés aux hommes, les modèles "Junior" sont, eux, légèrement plus courts et les "Lady" pour femmes disposent d'une bélière. Une parure compacte "Vest Pocket" a retrouvé sa place dans un écrin et l'imposant modèle de bureau orne un socle en marbre.

Faites
essai du
Parker
Duofold
-le
Porte-Plume
Réservoir
Perfectionné
Parker
Duofold INK
Instruction Sheet on Parker Pens
Parker
Duofold
Parker Duofold Pen

WAHL EVERSHARP
REG.U.S. PAT.OFF.
MADE IN U.S.A.
FOUNTAIN PEN

LIFETIME

L'arrivée du Celluloïd – à base de cellulose et de camphre – au milieu des années vingt accompagna l'âge d'or du stylo en une fête de couleurs et de nuances marbrées. Les variétés de cette matière que les Anglais nommaient indifféremment *plastic* furent nombreuses : pour Sheaffer, c'était la radite, pour Wahl, le pyralin, pour Parker la permanite, pour Montblanc enfin, le Celluloïd Bayer. Très fragile au départ, sensible à la lumière et à la décoloration, le Celluloïd servit cependant de corps aux plus beaux stylos des années trente… Aujourd'hui, le Celluloïd est bien plus résistant que par le passé. La splendeur des coloris, dus au talent d'artisans italiens, révèle la magie d'une matière aux nuances infinies.

Les matériaux susceptibles de servir à fabriquer un corps de stylo sont en fait très nombreux. Il s'agit des métaux précieux – l'or, l'argent, le platine – mais aussi de plusieurs essences de bois – l'érable d'Europe, le palissandre d'Amérique centrale, l'amarante et le pernambouc du Brésil, l'if d'Asie Mineure… Pour les amateurs d'insolite, citons la morta, extraite de troncs fossilisés, la Galalithe, à base de lait, les pierres dures comme l'agate, le jade, le lapis-lazuli…

Certaines maisons ont choisi la technique du gainage et recouvrent les corps des stylos avec d'étonnantes matières. Redens utilise le galuchat, l'autruche ou le serpent, et Platinum, la peau de crapaud.

Plus habituellement, grâce aux résines, les corps des stylos contemporains entrent dans une ère nouvelle faite de profondeurs et de transparences. De leur côté, le titane et la fibre de carbone, venus tout droit de l'aéronautique et des sports mécaniques, nous préparent aux outils du IIIe millénaire.

Paysage pour rêver ! Wahl Eversharp Doric, Waterman Patrician, Sheaffer Balance, trois stars des années trente dans leur fragile et sublime livrée en Celluloïd "noire et perle" – une géniale utilisation de la matière plastique (double page précédente).

Dans l'atelier de Jean-Pierre Lépine, artisan dans le Jura. Après avoir été tourné puis poli, le bloc d'acétate de cellulose deviendra le corps d'un stylo qui, à chaque étape de sa fabrication, sera ensuite minutieusement contrôlé (page ci-contre).

La plume en or et son bloc prête à tracer les premiers mots.
Pour achever le luxueux modèle Casanova en ébonite, le capuchon sera bagué d'argent massif.

OMAS

Dix stylos pour un siècle

Depuis plus de cent ans, ce sont des milliers de modèles qui ont vu le jour. Choisir parmi eux seulement dix stylos pour raconter le siècle n'est pas chose facile. C'est en tout cas l'équilibre bien fragile entre ce qui s'impose à tous et ce qui transparaît d'un désir personnel : d'un côté il y a les "incontournables" et de l'autre les objets que l'on affectionne.

Une certitude demeure, que ce soit pour des raisons esthétiques ou techniques, chacun des dix objets retenus a marqué son temps… et le temps a marqué chacun d'entre eux. Les périodes de prospérité et les crises, les modes et les styles, depuis le Waterman ou le Parker des origines jusqu'au Montblanc Meisterstück d'aujourd'hui, chacun, à sa manière, a contribué à l'édification d'un mythe : celui du stylo-plume. Dans cette galerie d'ancêtres, cette suite de portraits de famille, qui nous entraîne de l'utilitaire à l'imaginaire, suivons le guide !

Le Waterman n° 22 *regular taper cap* (voir pages 106-107) naquit en 1902. Il ressemblait à s'y méprendre à un simple porte-plume. Il avait la pureté esthétique des outils primitifs, de ceux qui sont tout entiers concentrés vers la fonctionnalité. Le titre de porte-plume-réservoir lui convenait donc parfaitement. On voulut vite enrichir le choix réduit de ses couleurs, celles de l'ébonite. Là n'était donc plus l'affaire du seul fabricant, mais du joaillier ou de l'orfèvre ! Grâce à la technique de l'*overlay* – le métal découpé puis plaqué – et du *filigree* – le métal ciselé ou gravé –, place fut faite au luxe et au raffinement !

C'est ainsi qu'entre 1905 et 1918 quelques **Parker Snake** *overlay* naîtront sous les doigts experts d'un orfèvre new-yorkais. C'est l'un des objets les plus exceptionnels de l'histoire du porte-plume-réservoir. Mélange parfait d'un corps simple et d'un décor voluptueux de serpents – *snake* –, il est un mythe, celui de la rareté et du luxe absolus.

En 1921, toujours chez Parker, un certain Tebbels imagina un autre moyen de quitter la sévérité de l'ébonite noire : un gros stylo rouge – le Big Red –, doté d'un nouveau système de remplissage "à bouton". La direction hésita, d'autant plus que le coût élevé de l'objet semblait jouer en défaveur du projet. Tebbels ne désarma pas : "Le stylo est cher en effet, s'écria t-il, mais il est de qualité !" On l'écouta enfin.

Avec la complicité d'Omas, douze artistes, scientifiques, sportifs et stylistes décidèrent de créer une prestigieuse série de stylos au profit de l'Unicef. Les douze "Signs for children" furent dispersés lors d'une vente en 1996, et les quelques séries en or ou en argent qui en reproduisaient les dessins, proposées aux amateurs et aux collectionneurs. Aux corps et aux plumes de ces douze stylos tous différents s'ajoute une matière invisible : le cœur (double page précédente).

Passionné par les stylos japonais Namiki, Alfred Dunhill en assura la diffusion internationale entre 1930 et 1939. La maison anglaise n'hésita pas à les accompagner d'un certificat de garantie trentenaire. Trois pièces exceptionnelles apparaissent ici. De bas en haut, un modèle pour femme, un stylo d'homme et un élégant portemine conique.

Il était devenu tellement rare que Parker dut se résoudre à le rééditer : sur un élégant support, le Parker Duofold Mandarin.

The
Dunhill-Namiki Fountain Pen
Guarantee.
Every Dunhill-Namiki
pen is Guaranteed to
perform properly for at
least 30 years. To obtain
the required particulars and
Dunhill Ltd
No 5008

PARKER
PARKER
MONTBLANC
WATERMAN'S

Parker

Le Big Red séduisit d'emblée : senior, junior, lady, avec ou sans bagues, **le Duofold** (voir page 117) venait de naître. En 1924, on lui ajouta un élégant portemine. Puis avec l'arrivée de la permanite – le Celluloïd – en 1926 débuta l'ère des marbrés : le plastique relança les ventes. Il est incassable, disait la réclame... preuves à l'appui. On jeta un Duofold du haut d'un building new-yorkais, puis dans le fond du Grand Canyon et même depuis un avion qui volait à plus de mille mètres ; dans chacun des cas, le stylo arriva au sol... intact ! Le Duofold était véritablement indestructible ! La palette s'enrichit encore en 1927 quand fut introduit le bleu lapis-lazuli et surtout le jaune Mandarin, cher à l'écrivain Colette.

Waterman se devait de réagir. En 1929, deux ans après le Mandarin, la firme créa **le Patrician** ! Bien que tardif – Sheaffer fabriquait des stylos en plastique depuis 1924 –, le passage de la grande maison au Celluloïd fut une œuvre magistrale : avec le Patrician, Waterman créa un objet de légende, la légende de la qualité de la marque.

"Il a la perfection d'une montre et la beauté d'un joyau", précisait la publicité, rappelant en même temps que pas moins de trois cents interventions manuelles étaient nécessaires à sa fabrication ! Ses bagues Arts déco étaient bien plus riches que celles du Duofold, les coloris marbrés sublimes, et la plume exceptionnelle procurait une écriture d'une grande douceur. Dans ce luxe et ce raffinement, les femmes n'étaient pas oubliées : pour elles, il y avait les très élégantes parures Lady Patricia.

Mais l'Amérique avait la tête ailleurs, les nouvelles formes aérodynamiques de Wahl, de Sheaffer pointaient le bout de leurs corps aguichants à niveau d'encre visible : le Patrician venait trop tard. Pourtant, Waterman s'accrocha à son modèle qui resta le stylo de prestige de la maison jusqu'en 1939.

Les nuances et les marbrés que permettait le Celluloïd s'exprimèrent avec magie dans la fabrication du Waterman Patrician, ici en vert émeraude. Agate, onyx, vert et brun, étaient les autres coloris de l'un des plus beaux stylos du monde.

Quelques-uns des "grands stylos" qui jalonnèrent un siècle d'écriture : le Parker 51 avec son portemine, le Montblanc Meisterstück, le Waterman Patrician, le Pélikan 100, le Wahl Eversharp Doric, le portemine Waterman Patrician, une réédition du rarissime Parker Snake, le Dunhill Namiki (double page précédente).

En créant **le Doric** (pages 126-127), en 1931, Wahl donnait la réplique au Patrician ! La firme maîtrisait parfaitement le pyralin – sa version personnelle du Celluloïd – et son stylo au corps dodécagonal fut lui aussi une œuvre magistrale. Les couleurs – vert *Cashmere*, *Burma*, *Marocco*, *Cathay* et *Jais* pour le noir – invitaient au voyage et la plume réglable s'adaptait à chaque main.

Mais la crise était passée par là. Malgré les nouvelles séries à niveau d'encre visible, puis à remplissage par piston, le stylo n'eut jamais le succès escompté. Wahl attendit cependant 1941 pour se résoudre à abandonner un modèle dont l'équivalent italien – le Paragon d'Omas – est encore aujourd'hui fabriqué.

Revenons au temps de l'ébonite, dans les années vingt, mais au Japon, cette fois. Masao Wada et Ryosuke Namiki, les deux fondateurs de la firme Pilot, eurent l'idée d'utiliser l'art de la laque pour décorer le corps des stylos qu'ils fabriquaient. Ils confièrent à Gonroku Matsuda, grand maître laqueur, la direction d'une équipe de trente artistes, les Kokokkai (association des lumières du pays). Dans cet art d'un raffinement extrême, la dépose de poudres d'or, d'argent, de plomb et de cuivre, en couches successives, sur la laque encore humide – le Maki E – supposait un travail qui s'étendait sur plusieurs mois. Le résultat fascina les premiers clients européens : le musée du Louvre à Paris, la firme Alfred Dunhill à Londres. En 1930, cette dernière décida d'assurer la diffusion en Europe et aux Etats-Unis des prestigieux **Dunhill-Namiki** (page 125).

La collaboration cessa neuf ans plus tard, aux premières heures de la Seconde Guerre mondiale. Heureusement, le passé se conjugue parfois avec le présent ; toute l'âme orientale et le savoir ancestral des maîtres laqueurs japonais sont toujours bien vivants chez Namiki. Cet objet représente encore aujourd'hui l'étonnant accord parfait entre un art millénaire venu d'Orient – la laque – et un outil d'écriture typiquement occidental – le stylo-plume.

En Allemagne cette fois, à Hanovre, la très ancienne maison Pelikan, développée par le chimiste Gunther Wagner, franchit en 1929 une nouvelle étape. Le premier stylo de la marque, **le Pélikan 100** (pages 126-127), inaugurait avec succès un nouveau système de remplissage : le piston ! Soigné jusque dans les moindres détails, le mécanisme fonctionnait à la perfection. En dévissant l'arrière du corps, on faisait aspiration, et l'encre montait dans le réservoir. A grands renforts publicitaires, sur terre comme dans les airs, automobiles et avions vantaient ses qualités : solide, sérieux simple ! Le 100 connut un grand succès.

Le succès du Pélikan 100 ne connut pas de frontières. La firme allemande qui exportait déjà ses encres fit de même avec son stylo et créa des usines dans le monde entier. Même en Inde, « écrire avec un Pélikan était un plaisir véritable ».

Cinquante et un ! on l'appela 51 parce qu'il naquit la cinquante et unième année de la Parker Pen Company. Fabriqué avec la lucite, la toute nouvelle résine de Dupont de Nemours, **le Parker 51** fut d'abord testé sur le marché brésilien, sans grand succès. Peut-être était-ce à cause de son esthétique totalement nouvelle, voire révolutionnaire. *"Like a pen from another planet"*, disait la publicité. L'objet, venu d'un autre monde, atterrit en Amérique en 1941. Alimentée par la Parker Superchrome, une encre mystérieuse à séchage rapide – qui participa grandement à son succès –, sa plume capotée et sans cesse humide était instantanément prête à l'emploi. Le capuchon métallique orné de la nouvelle flèche Parker ne se vissait même plus, l'étrange instrument se fermait par simple friction. Et l'inventeur ? Ils sont plusieurs apparemment, mais dans le design du 51 on retrouve la patte du grand artiste Laszlò Moholy Nagy, l'un des principaux animateurs du New Bauhaus. Les chiffres du Parker 51 sont éloquents : trente-sept années de diffusion, cinquante millions d'exemplaires vendus !

Après le stylo venu de l'espace apparut en 1952 le stylo-fusée : **le Waterman CF** - Cartridge Filler. Cet autre grand succès du design était dû cette fois-ci à Harley Earl, créateur à la General Motors. Bien qu'apparente – le contraire du 51 –, la plume s'intégrait parfaitement dans le dessin du corps. Le capuchon en métal disposait d'une agrafe nouvelle, évidée, et surtout grâce à la nouvelle cartouche jetable en plastique, l'autonomie était encore plus grande. Lancement réussi ! Mais Waterman Etats-Unis était au bord du gouffre. L'usine américaine fut obligée de fermer définitivement ses portes en 1954. C'est JIF, l'importateur français de la marque, qui reprit en main le destin de la fusée orpheline. Résultat : trente ans de succès !

Dernier de notre liste et non des moindres : **le Montblanc Meisterstück 149** (voir page 126). En 1914, la maison Simplo, une firme de Hambourg, changea de nom pour devenir Montblanc. S'identifiant à la plus haute montagne d'Europe, la marque affirmait sa volonté de produire le sommet de la perfection.

En 1924, une petite étoile blanche rejoignit en effet le sommet du capuchon, et le titre de "Meisterstück" – chef-d'œuvre – désigna le modèle de prestige de la compagnie. Quant à l'altitude du mont concerné – 4 810 mètres –, c'est à partir des années vingt qu'elle apparut, d'abord sur le capuchon et plus tard sur la plume. La guerre détruisit à la fois les usines et les archives de la société : tout était à reconstruire. Ce que fit Montblanc.

Elisabeth d'Angleterre signe le livre d'or de l'Arc de Triomphe. L'écriture et la calligraphie font partie de l'univers des chefs d'Etat. En France, au palais de l'Elysée, quatre calligraphes sont chargés de rédiger les invitations. Ils utilisent pour cela la plume Sergent-Major (voir filigrane ci-contre) et, lorsqu'il s'agit de longues listes (fêtes nationales etc.), un feutre à pointe noire très fine leur facilite la tâche.

En 1952, la firme créa le Meisterstück 149. Très vite, le Montblanc devint célèbre grâce à la qualité de sa grande plume d'or et à l'extraordinaire fonctionnalité de son conduit en ébonite. Les artistes s'en emparèrent : le 149 leur permettait d'écrire à l'encre de Chine. Au Japon, l'accueil fut triomphal.

Lors du passage au plastique, en 1959, toute la gamme Montblanc fut modifiée, sauf lui : son piston anachronique faisait déjà partie du mythe. Massif, volumineux, orné de sa plume gravée, le Meisterstück 149 est intemporel : devenu un grand classique, il est l'image même du stylo. Il est partout ; dans les vitrines bien sûr, dans les mains des décideurs, des journalistes, des publicitaires... et d'un grand nombre d'entre nous ! Loin de l'outil, bien plus qu'un objet, il est un signe, un signal même !

Design et luxe

Dès les années quarante, on savait la technique du stylo presque totalement aboutie. Ce furent donc les formes, les couleurs, les matières, qui évoluèrent. Chassés de l'Allemagne nazie, les artistes du

En filigrane : en famille, pendant la leçon d'écriture, le stylo Waterman qu'on croyait réservé aux adultes, se montre extrêmement docile sous les doigts d'un enfant !
Le Waterman CF, ci-dessous en parure stylo-bille et stylo-plume, marque le passage à la cartouche plastique, plus sûre et plus facile à emporter dans une trousse. La fabrication du CF (à remplissage par cartouche) s'acheva aux tout débuts des années quatre-vingt et il n'est pas rare d'en découvrir encore quelques exemplaires dans les réserves des libraires et papetiers.

L'une des grandes révolutions de l'histoire des objets de l'écriture. Pour la première fois, la plume disparaît et n'est plus identifiable ; pressent-on l'arrivée du stylo-bille ? Une chose est certaine, on veut écrire vite. Le Parker 51 et son encre exclusive viennent à point (à droite) !

Bauhaus avaient rejoint les Etats-Unis. Auprès de personnalités comme Paul Klee ou Kandinsky, leur théorie selon laquelle "la forme suit la fonction" allait influencer l'esthétique américaine. Les designers avaient fait vœu de vivre avec l'industrie, de faire corps avec elle pour produire les nouveaux objets du quotidien. Les grands succès du design que furent le Parker 51, le CF de Waterman ne doivent pas faire oublier le talent d'Henry Dreyfus à qui l'on doit les lignes aéronautiques du Skyline de Wahl Eversharp.

En Europe, certaines maisons, comme Lamy, en Allemagne, ont depuis les années soixante intégré avec succès le design à leur production. Réalisé en plastique noir brossé, le Lamy 2000 fête aujourd'hui ses trente ans. Le Persona est lui aussi promis à une belle longévité tout comme le très féminin Lady qui unit la porcelaine et le métal doré.

Autre grand succès du design, chez Rotring cette fois, l'Art Pen, créé en 1984, reprend la forme d'un simple porte-plume réinventé grâce aux techniques et aux matériaux de notre temps. Dédié à la fois à l'écriture, aux arts graphiques et à la calligraphie, l'Art Pen, seul ou en panoplie, apporte en outre à son possesseur, une conscience de créativité.

Le design sait aussi nous séduire : comment résister au plaisir de tenir en main un stylo-plume ou un porte-plume en argent de Jorg Hysek ? Par l'extrême pureté de son style, le designer suisse nous fait découvrir des objets d'écriture dans leur parfaite simplicité ; les stylos qu'il conçoit ne disposent même plus d'agrafe.

Le AD 2 000 de Dunhill illustre lui aussi les tendances actuelles du design stylographique : des formes oblongues et fuselées, des matières contemporaines – la fibre de carbone – et une technologie avancée – un clip escamotable.

Lorsque ST Dupont lança en 1973 un stylo dont le corps s'identifiait à la molette du célèbre briquet, la maison française apportait la preuve qu'en adaptant leur savoir-faire les fabricants de produits de luxe se montraient véritablement capables de créer des objets d'écriture. Le succès du stylo ST Dupont fut considérable. Depuis cette époque, la maison parisienne s'est fait une spécialité de stylos-plume aux finitions exceptionnelles en laque de Chine et en métal précieux guilloché.

Dès les années vingt, Cartier, qui fêtait, en 1997, son cent cinquantième anniversaire, avait su répondre aux exigences de personnalités comme Sacha Guitry ou Paul Claudel qui réclamaient des stylos sur mesures.

Certains orfèvres se sont spécialisés dans les séries "très" limitées. Le stylo Fabergé Gothic, réalisé par Michel Perchin, est fabriqué à seulement dix exemplaires gravés à la main. Sur le capuchon, ce stylo comporte un pavé de158 diamants ! De son côté, le réservoir est décoré de 144 autres diamants et de 36 rubis ! La réalisation de chaque Fabergé Gothic représente des milliers d'heures...

Lorsqu'on feuillette les archives de la prestigieuse maison, on y découvre des centaines de dessins et d'esquisses qui préfigurent les objets qui ont marqué le siècle. Du stylo-montre au stylo bambou, du célèbre Must au récent Diabolo, Cartier confirme sa grande réussite dans l'art difficile qui consiste à pratiquer l'innovation permanente tout en assurant le respect d'un style-maison.

Loin des audaces esthétiques, fouillant dans leur passé souvent prestigieux, de nombreux fabricants rééditent – ou imitent – les pièces maîtresses de leur histoire.

Le Toledo de Pélikan, une réplique du modèle des années trente, le Nostalgia de Sheaffer, le Patrician de Waterman sont au rendez-vous. Toujours Duofold, mais soixante-dix ans plus tard, le Big Red devenu Tango a fait son retour chez Parker, tout comme le Mandarin diffusé en série très limitée et même, depuis peu, le Snake, serpent mythique qu'on croyait à jamais disparu. Montblanc de son côté rend régulièrement hommage aux écrivains : la firme a déjà consacré un modèle à Hemingway, un autre à Agatha Christie, un autre encore à Oscar Wilde.

On fête les anniversaires : avec la série Signs for children (pages 122-123), Omas a célébré les cinquante ans de l'Unicef et Waterman le bicentenaire de la Révolution française avec un Man 100 doté d'une agrafe spéciale.

L'artisan breton Patrice Sébilo fabrique à la fois des pipes et des stylos en bois de rose (en haut), en bois de violette (en bas), ou en morta, un extraordinaire matériau vieux de 7000 ans. Il s'agit d'un bois fossilisé qu'il pêche à l'automne dans les marais de la Briére.

Dans le style "scaphandrier", le Graphiscaph de Jean-Pierre Lépine. Extravagant, insolite, signe de l'humour et du brin de folie de son concepteur, cet imposant stylo apporte une fantaisie bienvenue dans le monde de l'écriture.

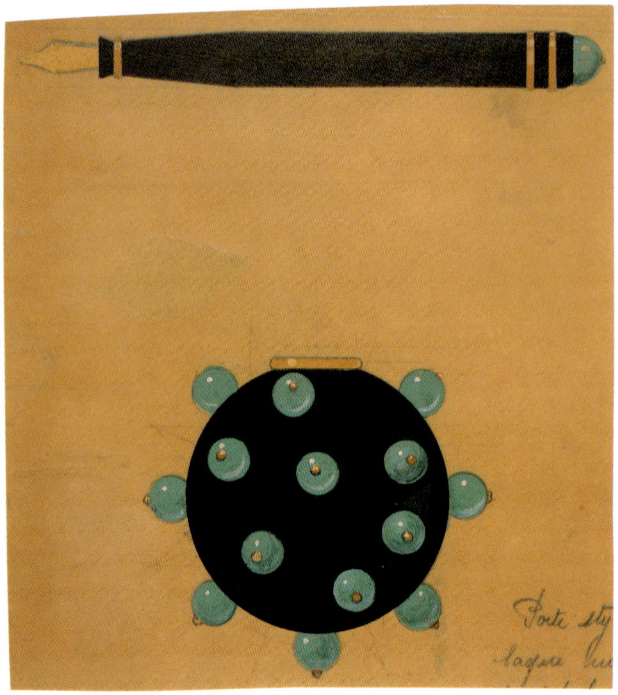

Lorsqu'on feuillette les dessins d'atelier de Cartier, on mesure la somme de recherches et d'études qu'il faut mener pour aboutir à la réalisation de quelques modèles. Parmi les esquisses, certains dessins, réalisés à la gouache et à la mine de plomb sur calque, témoignent de la période 1925-1930. Stylos et encriers étaient le plus souvent conçus ensemble.

Le corps de certains stylos de grand prestige est parfois recouvert de milliers de diamants, patiemment sertis pour créer de véritables sceptres d'écriture. Ici le Genève de Caran d'Ache (ci-dessous)

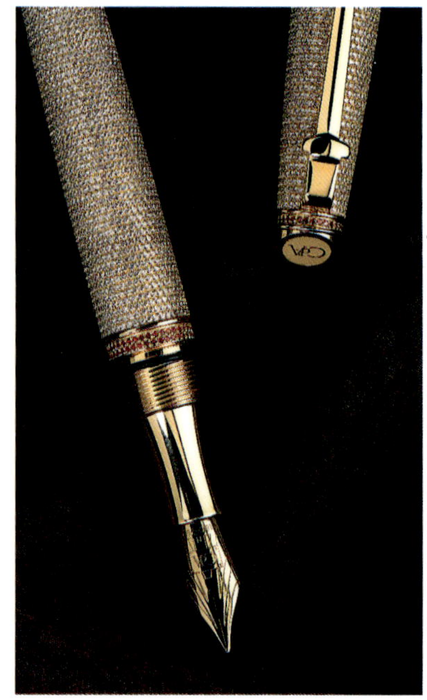

Des objets insolites accompagnaient parfois le portemine : les stylos-montre faisaient déjà parler d'eux. Ils perpétuent encore aujourd'hui la tradition d'excellence du joaillier parisien (à droite).

En or massif, le Pasha de Cartier (ci-dessus) dispose lui aussi d'un capuchon serti de saphirs et de brillants.

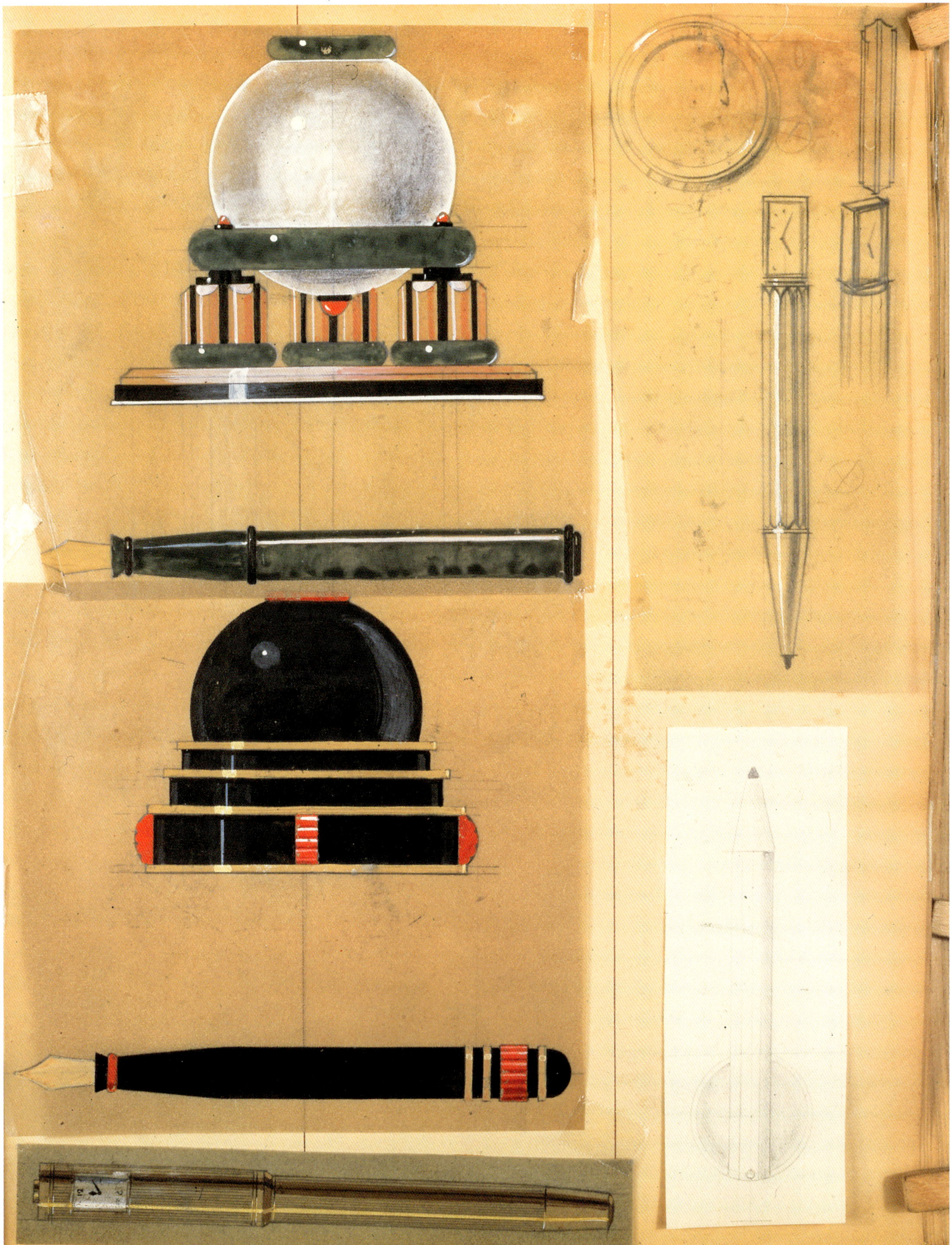

D'autres fabricants, comme Montégrappa, réalisent des stylos qui sont de véritables sculptures. Reprenant la technique du filigree – le métal ciselé ou gravé –, Visconti, autre marque italienne, célèbre l'architecture en créant des objets rares consacrés au Taj Mahal, à la galerie des Offices à Florence ou au palais de l'Alhambra à Grenade.

Au moins aussi raffinés sont les modèles de Stipula dédiés aux légendes antiques et à la mythologie grecque.

Pour la pièce unique, il faut pousser la porte d'ateliers discrets qui, depuis des générations, ont acquis un savoir-faire leur permettant de créer de véritables chefs-d'œuvre. Tel est le cas de la maison Lefebvre à Paris qui, en collaboration avec Omas, cisela quelques rares Almirante dont le corps gravé retrace en détail l'épopée de Christophe Colomb. Enfin, luxe extrême, le corps du Meisterstück Royal de Montblanc ou le Genève du suisse Caran d'Ache sont sertis de plusieurs milliers de diamants !
Le mythe absolu... mais à quel prix !

Dressé vers le ciel, le corps rempli d'encre pour un voyage vers l'écriture, le récent "Level 5" de Pélikan est prêt pour l'envol. En renversant l'ensemble du système socle-stylo, le remplissage de l'imposant réservoir s'effectue en quelques instants.

Cent ans après Lewis Edson, Waterman et son porte-plume réservoir en ébonite noire, les créations du designer Jorg Hysek nous rappellent la beauté originelle de certains objets d'écriture.
Dans cette prestigieuses parure – encrier et stylo –, le luxe et la magie des pierres précieuses rejoignent la noblesse de l'argent et du cuir.

Un stylo bien à soi

On voudra l'emporter partout – dans la poche ou dans un étui pour le protéger – ou bien, au contraire, le conserver religieusement sur un bureau pour ne pas risquer de le perdre. Perdre son stylo : un drame, une séparation brutale, une partie de nous qui disparaît. C'est une bien étrange affection qui nous lie à cet objet !

On l'imagine, discret et léger, ou bien ouvragé et lourd. Nous le voulons à notre image. Nous cherchons l'image que les autres se font de nous quand ils nous l'offrent en cadeau. Après de longues errances devant les vitrines, en proie à une volonté subite, une irrésistible envie, nous voilà enfin à l'heure du choix...

Mais entre le stylo de nos rêves et nous apparaît alors un troisième personnage : le vendeur ! Face à lui, nous découvrons alors notre ignorance tant des caractéristiques techniques que des qualités scripturales de chaque modèle : la situation est délicate : c'est la "confiance obligatoire" ! Le succès de la rencontre va dépendre des trois acteurs. A nous de confier nos habitudes d'écriture, quelques manies, couleur d'encre, type de papier, rangement du stylo... Au papetier d'écouter. Il doit, il le sait, réaliser l'impossible : faire correspondre à un individu – unique par définition – un outil qui, lui, ne l'est pas.

Etonnante tenue de la plume par Arthur Honneger, le compositeur de Pacific 231. Le stylo est "verrouillé" entre l'index et le majeur. Une telle attitude n'a rien d'académique, elle permet cependant d'écrire très correctement !

Vient le moment de l'essai, stylo en main. Quels signes allons-nous griffonner sur les blocs d'écriture où se succèdent des apprentis-scripteurs en quête de la plume idéale ? Des traces illisibles, ou bien un mot, toujours le même, permettant de comparer les plumes standards, obliques, italiques... Ou peut-être enfin, en un geste d'audace inspirée, déjà poète ou écrivain, allons-nous, au regard de tous, écrire sur le papier quelques vers ou quelque prose.

Mais nous sommes les "enfants de la bille". Les nuances calligraphiques de nos grands-parents ne sont plus à l'ordre du jour. Force est de constater que notre art de la belle écriture, plutôt déclinant, n'incite pas les fabricants à fournir des plumes souples que nous serions pour la plupart incapables d'utiliser.

Puisque écrire est avant tout un geste-plaisir, la situation n'est peut-être pas sans issue. Surprise ! A l'heure du choix, c'est un quatrième personnage qui intervient, qui nous accompagnait là, presque par hasard : la main ! C'est elle qui, parmi les plumes fines ou larges, droites ou obliques, va seule savoir décider ! Il nous restera à choisir du système de remplissage. Si nous aimons la liberté, ce sera la cartouche bien sûr. Si, en revanche, nous avons toujours quelque secret plaisir à garder encriers, bouteilles, buvards et chiffons tachés à portée de main, nous préférerons les pistons et autres remplissages mécaniques. Nous conserverons ces gestes anachroniques – et parfaitement contournables par le moindre *ball pen* – pour nous rappeler que c'est à la main, à la plume... et à l'encre que nous confions encore aujourd'hui nos pensées les plus intimes, nos engagements les plus forts, nos véritables secrets dont l'écriture se fera la discrète mémoire.

L'apparition de nouveaux objets d'écriture permet de disposer aujourd'hui, y compris dans des modèles prestigieux, de versions bille et roller, comme ici chez Caran d'Ache. De haut en bas, le roller, le portemine, le stylo-bille et le stylo-plume.

Pentel K108
Hybrid roller
PILOT

La génération bille

Les inventeurs du XIXe siècle avaient-ils l'intuition de l'accélération de notre monde contemporain ? Savaient-ils qu'un jour le porte-plume réservoir – le stylo-plume – serait dépassé par une bille, une toute petite bille, qui l'aurait pris de vitesse ?

Dès la fin des années cinquante, l'homme partit à la conquête de l'espace. Les fusées effectuaient alors leurs premières missions. Tout à coup, sous le crayon de l'illustrateur Jean Effel, le bip ! bip ! bip ! des Spoutnik se transforma en Bic ! Bic ! Bic ! Même le vieil instituteur, gardien de la tradition, s'autorisait à tenir en main l'un de ces outils barbares : une page se tournait presque d'elle-même. Continuant une conquête qui, à défaut d'être spatiale, devint en un rien de temps planétaire, le stylo-bille prenait rapidement de la hauteur. Pour la première fois, un outil de l'écriture allait connaître un succès mondial. Cette réussite ne s'est pas démentie depuis.

De l'Occident à l'Afrique, en passant par l'Asie ou l'Amérique, le monde entier écrit aujourd'hui avec une pointe bille. Ecoliers, cadres, paysans, opérateurs à la bourse ou chefs d'Etat ont au moins un outil commun et quotidien entre leurs mains.

Presque cinquante ans après le Bic Cristal, les rollers et stylos-billes retrouvent aujourd'hui une parfaite transparence. Les designers n'hésitent pas à dévoiler les machineries (page de gauche).

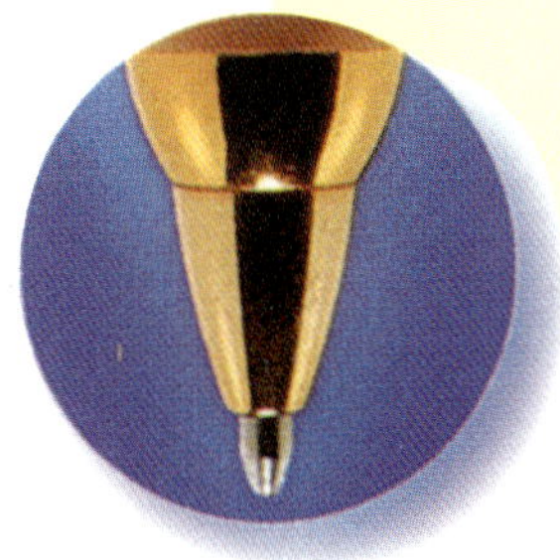

Les premiers brevets

En fait, l'idée était dans l'air, depuis 1865, date à laquelle un pasteur danois créa la première bille d'écriture. L'Amérique avait la tête ailleurs. Pourtant, en 1888, à peine quatre ans après la découverte du stylo moderne par Waterman, il eût suffi qu'elle tourne un peu le regard pour s'apercevoir que J. J. Loud, un autre Américain, venait de déposer le brevet de l'instrument d'écriture qui préfigurait le stylo à bille. L'outil en question disposait d'un système de piston, d'un ressort et de trois billes, la centrale tournant contre les deux autres. On peut cependant comprendre pourquoi cette découverte passa inaperçue. En cette fin de XIXe siècle, c'est par centaines que des inventeurs anonymes déposaient chaque mois quantité de brevets de toutes sortes.

La trace de la pointe bille affirme ici sa différence : finies les contorsions, les déformations du bec de la plume ; avec la bille, tout va plus vite. Dans les années soixante, des séries de diapositives "pédagogiques" vantaient ainsi les mérites d'une pointe qui partait à la conquête du monde.

En 1891, l'inventeur français E. Lambert perfectionna l'outil en ajoutant à la bille un ressort de maintien. Puis avec le brevet Laforest, les choses s'améliorèrent encore. Le "stylobille" – tel était son nom – fit l'objet d'un dépôt en 1933 au tribunal de commerce et reçut une médaille d'or à la Foire de Paris. Le "Laforest" disposait de trois billes : une traceuse, une régulatrice, la troisième faisant office de clapet pour l'encre. Son fonctionnement était encore très aléatoire. C'est essentiellement à Ladislav Biro – et son frère Georg – deux Hongrois, à qui l'on doit, non pas l'invention, mais les premiers vrais perfectionnements du stylo à bille.

Né à Budapest en 1899, José Ladislav Biro était doué d'un esprit très inventif. Après des études de médecine, qu'il ne termina jamais, il s'essaya à toutes sortes de métiers, avant de devenir correcteur en imprimerie puis journaliste. Entre deux articles de presse, il recherchait des solutions susceptibles d'améliorer le fonctionnement du stylo à bille. Une fois de plus dans l'histoire des outils de l'écriture, la question du débit de l'encre était posée. L'utilisation d'encres stylographiques était impossible : elles étaient bien trop fluides. Quant aux encres plus épaisses, elles obstruaient billes et conduits... la réponse était ailleurs. Ladislas dut interrompre brusquement ses recherches pour fuir son pays et la montée du nazisme. Il s'installa à Paris puis en Argentine. C'est là qu'il réalisa enfin le premier prototype de stylo à bille. Malgré l'aspect très rudimentaire de l'objet, un financier anglais, Henry George Martin, se montra vivement intéressé. Biro et Martin créèrent la société Eterpen. En 1943, cette dernière entreprit de céder certains droits de fabrication à l'Américain Eberhard Faber. L'affaire était lancée, et le contrat sur le point d'être signé... Mais l'armée de l'air américaine fit savoir qu'elle était prête à passer de grosses commandes, à condition que les stylos soient capables d'écrire en toutes situations et surtout en altitude. Les modèles devraient pouvoir supporter d'importantes variations de pression atmosphérique.

Le brevet intéressa beaucoup de monde. Parker, Sheaffer, Eversharp entrèrent en compétition pour obtenir la licence Eterpen. C'est finalement l'Eversharp Pen Company qui l'emporta grâce à une offre supérieure à un million de dollars, assortie d'un substantiel dédommagement pour Faber. Nous étions en 1945. Sûre de sa position dominante, Eversharp engagea d'énormes investissements. L'heure du lancement était proche, le stylo-miracle se devait d'être parfait ! Les brevets Biro-Martin couvraient désormais les quatre coins de la planète. Le dépôt initial prévoyait un système de compression de l'encre par l'utilisation d'un piston à ressort, mais c'est dans le domaine du réservoir – replié plusieurs fois sur lui-même et hermétiquement clos – que Biro innovait : le système fonctionnait par capillarité. Dans sa cavité, la bille roulait librement à près de cinq mille tours à la minute. Elle s'usait cependant très vite, érodant aussi son logement. Les techniciens n'étaient pas au bout de leur peine !

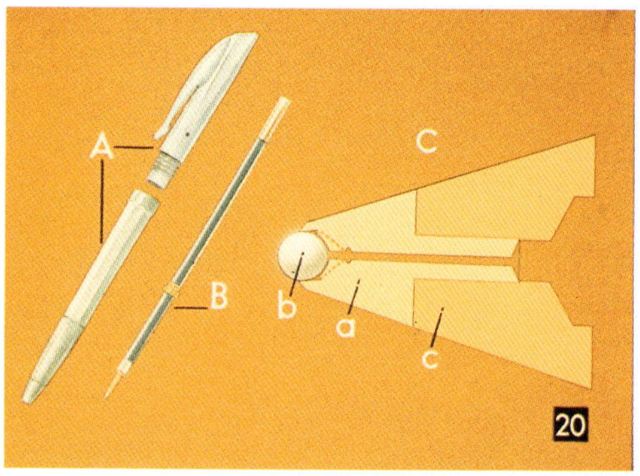

Anatomie d'un nouvel outil : le stylo-bille se compose d'un corps qui protège la cartouche dont le contenu s'écoule par capillarité. La pointe, élément essentiel, contient les canaux d'alimentation. L'encre y chemine pour rejoindre la bille qui tourne librement à des rotations pouvant atteindre parfois 5000 tours à la minute.

1946 : une année décisive : Sheaffer, Faber, Eversharp... les grands de l'écriture sont sur les rangs. Quelques mois auparavant, un inconnu l'avait emporté : un certain Milton Reynolds, avec son stylo-bille tout aluminium.

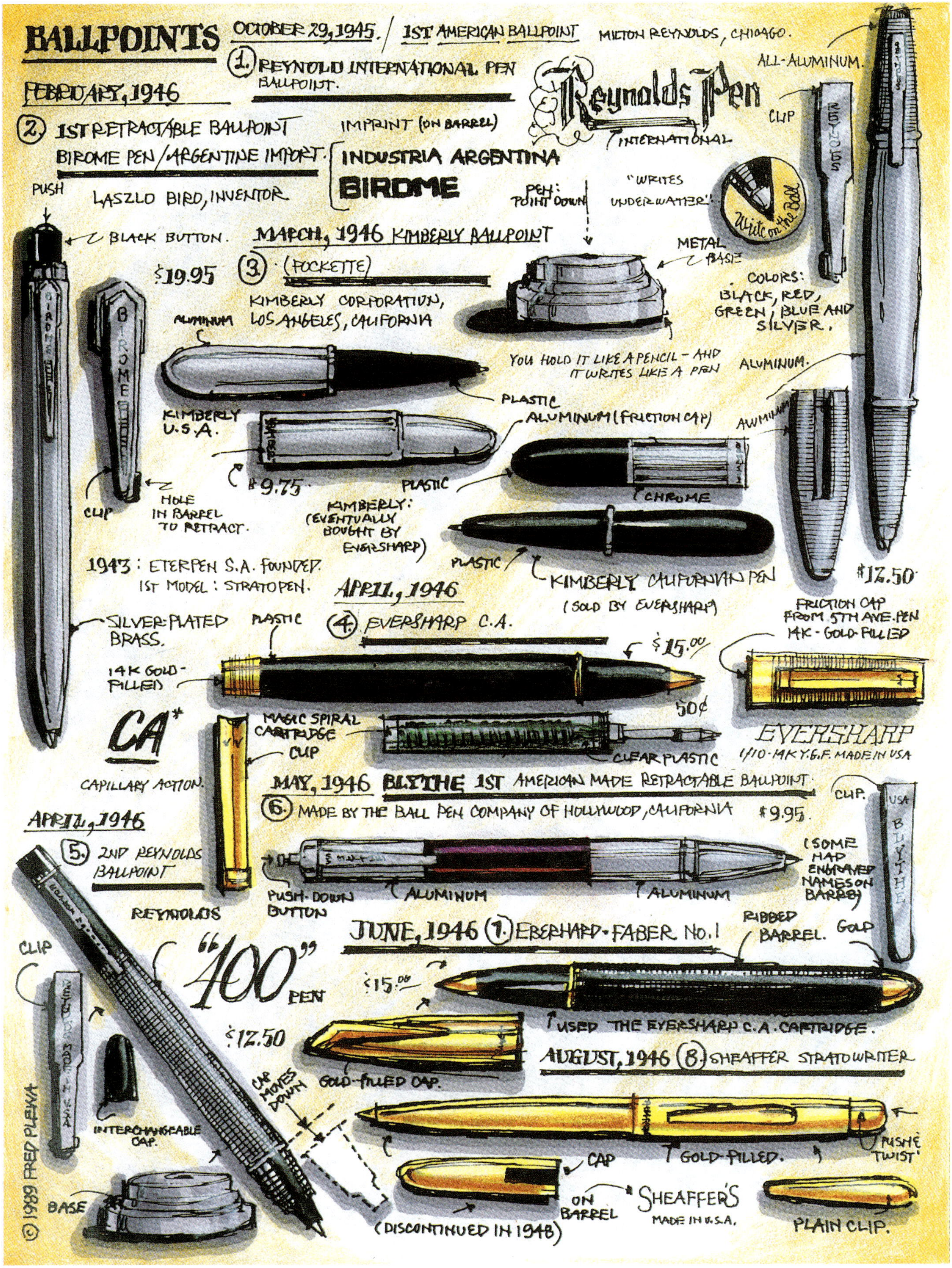

BALLPOINTS
OCTOBER 29, 1945. / 1ST AMERICAN BALLPOINT
MILTON REYNOLDS, CHICAGO.
1. REYNOLD INTERNATIONAL PEN BALLPOINT.
Reynolds Pen
INTERNATIONAL
ALL-ALUMINUM.
CLIP
FEBRUARY, 1946
2. 1ST RETRACTABLE BALLPOINT
BIROME PEN / ARGENTINE IMPORT.
IMPRINT (ON BARREL)
INDUSTRIA ARGENTINA
BIROME
LASZLO BIRO, INVENTOR
PUSH
BLACK BUTTON.
PEN: POINT DOWN
"WRITES UNDERWATER"
Write on the Ball
MARCH, 1946 KIMBERLY BALLPOINT
3. (POCKETTE)
METAL BASE
$19.95
KIMBERLY CORPORATION, LOS ANGELES, CALIFORNIA
ALUMINUM
COLORS: BLACK, RED, GREEN, BLUE AND SILVER.
YOU HOLD IT LIKE A PENCIL - AND IT WRITES LIKE A PEN
ALUMINUM.
PLASTIC
KIMBERLY U.S.A.
ALUMINUM (FRICTION CAP)
ALUMINUM
$9.75
PLASTIC
CHROME
CLIP
HOLE IN BARREL TO RETRACT.
KIMBERLY: (EVENTUALLY BOUGHT BY EVERSHARP)
1943: ETERPEN S.A. FOUNDED.
1ST MODEL: STRATOPEN.
PLASTIC
KIMBERLY CALIFORNIAN PEN
(SOLD BY EVERSHARP)
$12.50
APRIL, 1946
4. EVERSHARP C.A.
SILVER-PLATED BRASS.
PLASTIC
FRICTION CAP FROM 5TH AVE. PEN 14K-GOLD-FILLED
$15.00
14K GOLD-FILLED
CA*
50¢
MAGIC SPIRAL CARTRIDGE
CUP
CLEAR PLASTIC
EVERSHARP
1/10-14K Y.G.F. MADE IN USA
CAPILLARY ACTION.
MAY, 1946 BLYTHE 1ST AMERICAN MADE RETRACTABLE BALLPOINT.
6. MADE BY THE BALL PEN COMPANY OF HOLLYWOOD, CALIFORNIA
$9.95
CLIP.
USA BLYTHE
APRIL, 1946
5. 2ND REYNOLDS BALLPOINT
PUSH-DOWN BUTTON
ALUMINUM
ALUMINUM
(SOME HAD ENGRAVED NAMES ON BARREL)
REYNOLDS
JUNE, 1946 7. EBERHARD-FABER NO. 1
RIBBED BARREL.
GOLD
CLIP
"400" PEN
$15.00
USED THE EVERSHARP C.A. CARTRIDGE.
$12.50
GOLD-FILLED CAP.
AUGUST, 1946 8. SHEAFFER STRATOWRITER
CAP MOVES DOWN
INTERCHANGEABLE CAP.
PUSH & TWIST
CAP
GOLD-FILLED.
BASE
ON BARREL
SHEAFFER'S MADE IN U.S.A.
(DISCONTINUED IN 1948)
PLAIN CLIP.
© 1989 FRED PLEWA

Miracle à New York !

Le 29 Octobre 1945, les magazines new-yorkais annoncèrent enfin l'arrivée en exclusivité dans les grands magasins Gimbel's du fabuleux modèle : "Voici le prodigieux, le miraculeux stylo dont on a tant parlé !", s'exclamait la publicité. A neuf heures du matin, plusieurs milliers de personnes étaient déjà massées devant les entrées du magasin. Pour contenir la foule, on dut faire appel à la police. L'hystérie était collective !

Lorsque Gimbel's ferma ses portes, tard le soir, plus de huit mille exemplaires avaient été vendus. Beau succès pour Eversharp, pensa-t-on... sauf que le stylo à bille en question était un Reynolds, du nom de Milton Reynolds, un industriel et homme d'affaires de Chicago qui, un jour d'avril de la même année, avait découvert par hasard un stylo Biro dans une boutique de Buenos Aires. Il en avait acheté une demi-douzaine et à peine rentré aux Etats-Unis, il avait réuni autour de lui quelques ingénieurs et techniciens. A peine six mois plus tard, Reynolds venait de lancer son stylo-bille en aluminium. Le coup fut très dur pour Eversharp qui décida de réagir et de passer juridiquement à l'attaque.

La conquête du monde scolaire a toujours fait l'objet de vastes campagnes publicitaires. Il y a quelques années, Reynolds avait choisi la panthère rose, personnage bien connu des enfants pour mener l'enquête et imaginer une nouvelle monnaie : "le Reynolds". Les vignettes étaient adhésives, bien vite on les retrouva sur les trousses, les protège-cahiers ou les cartables. Mission accomplie !

En guise de réponse, et se drapant dans sa dignité, Reynolds prétendit avoir repris le brevet Loud, tombé il est vrai, dans le domaine public. L'audace de cet incroyable personnage était sans limites, ses campagnes publicitaires en témoignent. Afin de promouvoir son modèle, il n'avait pas hésité à employer le slogan : "Le stylo le plus copié du monde !" Malgré les nombreuses imperfections du Reynolds, pour la seule année 1946, le bénéfice net de la société fut colossal : près de trente millions de dollars !

La stratégie commerciale de Milton Reynolds était pour le moins insolite. Il produisait à très faible coût – moins d'un dollar l'unité – et revendait le plus cher possible – douze dollars, une somme pour l'époque ! Mais l'astuce s'avérerait-elle payante jusqu'au bout ?

Au début, les Américains s'étaient rués sur le nouveau stylo à bille, les grands magasins Gimbel's ne désemplissaient pas. Vingt cinq mille exemplaires furent vendus la première semaine, huit millions au bout d'un an ! Très vite cependant, les consommateurs désenchantés découvrirent les multiples défauts des Reynolds. Crachant leur l'encre indélébile, les stylos souillaient les vêtements. Certains explosaient littéralement. Les "retours à l'usine" se comptaient par milliers. La défaite pointait.

Reynolds avait beau vanter sa marchandise par des slogans toujours très audacieux – et apparemment vérifiés – tels que : "Le Reynolds peut écrire sur la peau d'un crocodile immergé", rien n'y fit. Face à la déflation du marché, due bien sûr aux imperfections du produit, Reynolds fut obligé de céder à bas prix tout son stock...Mais fortune faite, le rusé marchand se retira, non sans avoir parcouru le monde, comme on le verra, pour monnayer ses brevets !

La pointe Bic !

La machine pouvait-elle redémarrer ? La baisse des prix et les améliorations techniques seraient-elles en mesure de réconcilier le stylo à bille avec le public ?

Pendant que l'Amérique s'interrogeait, à Paris, le baron Marcel Bich réfléchissait. Il avait étudié et perfectionné le système Biro puis en avait négocié les droits. Dès 1950, il commercialisa son premier modèle sous le nom de "pointe Bic"– sans h ! Ce descendant de l'aristocratie savoyarde du XIXe siècle, né en 1914 d'un père ingénieur italien et d'une mère française, avait débuté en tant que responsable de production pour les encres de marque Stephen. Il avait ensuite dirigé, avec son associé Edouard Buffard, une petite entreprise de porte-plumes et de pièces pour stylos à Clichy, près de Paris. C'est alors qu'il avait pris la décision de fabriquer ses propres stylos à bille mais aussi de fournir des recharges à d'autres marques.

En 1953, il créa la société Bic et, grâce à l'amélioration sensible de la qualité de ses produits, très vite, de nouveaux marchés s'ouvrirent, en France bien sûr mais surtout à l'étranger. En 1958, la jeune société racheta le géant Waterman. Bic partait à la conquête du marché mondial.

On doit à Marcel Bich le concept du "stylo jetable", celui qui par son faible coût peut être aisément remplacé donc racheté en cas de perte. L'idée nous paraît simple : augmenter intensément la production permet d'abaisser les prix, donc d'élargir la consommation. Encore fallait-il y penser !

La première grande trouvaille de Marcel Bich est habillée d'un bien joli nom : Cristal. Malgré la nouveauté et la technologie de l'objet, Bich ne veut pas rompre avec la tradition. Son crayon à bille reprend donc la forme d'un crayon à papier. Stylo nu, le Cristal est un corps hexagonal plastique, un tube transparent terminé par un cône reproduisant la partie taillée du crayon. A l'extrémité, on retrouve la fameuse petite bille. Le réservoir d'encre est quant à lui translucide, afin de permettre le contrôle permanent du niveau. Capuchon et bouchon en définissent la couleur. Sans le petit trou percé dans le corps, le stylo ne pourrait pas fonctionner ! En laissant entrer l'air, il permet à l'encre de s'écouler.

Grâce au talent du grand affichiste Raymond Savignac, la pointe Bic prend son envol en 1952. Mue par quelque force invisible, la bille court toute seule. On l'imagine ainsi capable de parcourir des distances infinies sans jamais s'arrêter, comme le suggère le texte ininterrompu : "Elle court elle court."

Le Cristal avait tout pour réussir. Et pourtant, lorsque Marcel Bich avait opté en 1952 pour une vaste campagne publicitaire afin de mieux faire connaître son produit, le contexte n'était pas favorable. Les échecs répétés du stylo-bille n'auguraient rien de bon. C'était donc un véritable défi qu'il lançait. Les arguments publicitaires mettaient l'accent sur la pointe. Bic se voulait un label de qualité : "Refusez tout crayon qui ne porte pas gravé sur le manche et sur la pointe le mot Bic." Court, donc facile à mémoriser, le choix de la marque n'était pas inopiné. Bic avait l'avantage de se lire aisément et de se prononcer sans difficulté en quelque langue que ce soit.

En 1952, le "Elle court, elle court la pointe Bic" de l'affichiste Raymond Savignac éclaira littéralement tous les murs de Paris... et d'ailleurs. On y voyait, en couleurs fluorescentes, une pointe bille qui glissait tellement vite sur le papier que même un grand sportif ne pouvait espérer la rattraper ; la bille entraînait la main… rien désormais ne pouvait l'arrêter.

La propagande des stylos Bic envahit la presse, le cinéma, la radio, les affichages et les manifestations publiques.

Le résultat ne se fit pas attendre, les chiffres de vente s'envolèrent – on espérait dix mille stylos-billes vendus dans le monde chaque jour, ce fut deux cent cinquante mille !

En février 1952, Marcel Bich reçut l'Oscar de la Publicité. Pour des millions de personnes, le Cristal devenait familier. C'est donc tout naturellement que les publicités le montrèrent par la suite soulevant lui-même son capuchon, comme on se décoiffe pour saluer quelqu'un. Il n'avait plus besoin de quiconque pour se présenter : Je suis Bic Cristal, le crayon antidérapant le moins cher du monde...0,30 F !"

Les premières campagnes, celles des années cinquante, visaient directement le monde du bureau et des affaires. On y voyait des secrétaires radieuses et détendues. "Je ne m'énerve plus. Je me relis bien", disait l'une d'elles. "Moi j'ai compris, disait un patron, vive le nouveau Bic poche !"

De partout on exprimait la satisfaction que procurait l'utilisation des pointes Bic. L'outil était si performant qu'il pouvait même rivaliser avec la machine à écrire – "120 mots à la minute !" disait la publicité. Quant aux représentants de commerce et autres vendeurs, ils partaient rassurés : "Avec la pointe Bic, le contrat était signé à coup sûr..."

Souplesse d'écriture mais aussi souplesse d'utilisation. En 1958, Raymond Savignac nous délivre avec humour un nouveau message concernant les qualités.

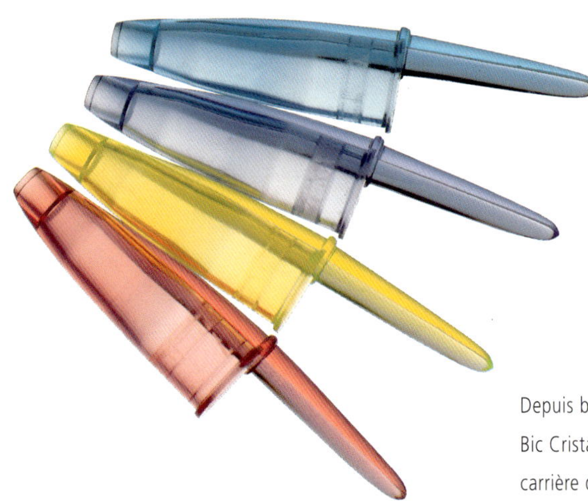

Depuis bientot un demi-siècle, le Bic Cristal poursuit son incroyable carrière dans le monde entier. Sans abandonner sa forme d'origine, il prend de nouvelles couleurs

La petite bille partit ensuite à la conquête du monde scolaire. Bic voulait séduire un public plus jeune. Les critiques furent nombreuses. Il est vrai que la bille procurait une écriture uniforme qui rompait avec la tradition calligraphique des pleins et déliés… mais la révolution était en marche.

A la rentrée de 1965, les Instructions officielles confirmèrent l'admission du stylo-bille dans les classes. Le corps hexagonal du nouveau Bic Orange était cette fois entièrement opaque. Capuchon et bouchon correspondaient à quatre couleurs d'encre – bleu, noir, vert, rouge. L'ensemble se rangeait dans un étui transparent, sorte de petite trousse.

Clairement destiné aux jeunes, voici le "Bic Junior" tel que le présente Raymond Savignac en 1966. Fasciné, l'écolier n'a d'yeux que pour le bouton-poussoir du nouveau modèle antidérapant. Sur le tee-shirt du garçonnet, la bille apparaît presque humaine, en forme de tête…
Très vite les parents vont s'emparer du nouveau Bic, pour écrire mais aussi pour téléphoner ! En effet, le poussoir du Bic Junior n'a pas son pareil pour composer un numéro de téléphone sur un cadran rotatif. Pratique, le Bic.

Le temps de la bille sonna le glas de nombreuses maisons qui, à l'exemple de Baignol & Farjon, ne surent pas s'adapter à ce nouvel outil. Demandait-on la perfection à cette trace nouvelle ? Réclamait-on une pointe capable de créer des volutes calligraphiques ? Il semble que non. Le petit singe acrobate dessiné avec poésie par André François en 1960 ne résista pas.

Citoyen du monde

Orange, Mystère ou Cristal, aussi bien à l'école qu'au bureau, le stylo à bille allait devoir supporter toutes nos humeurs... Il les supporte encore ! Le Bic reste l'indiscutable révélateur de nos émotions, le souffre-douleur des violents, des anxieux, des angoissés, de ceux qui, lorsqu'ils n'ont plus d'ongles à ronger, se vengent sur lui. Face aux mordilleurs de capuchons, aux briseurs de corps et aux "artistes en bouche", qui font danser sur leur langue le minuscule bouchon, le Bic ne sort jamais indemne de telles épreuves. Sarbacane des élèves facétieux, baguette tournoyant sans cesse entre les doigts d'étudiants habiles, le Bic partage – et subit parfois – les moments les plus intenses de l'écriture.

Mondial, familier, pas distant pour deux sous, le Bic est de tous les pays, des plus chauds jusqu'aux plus froids. Il est à ce point citoyen du monde que les Américains sont persuadés d'en être les inventeurs. Les Africains de leur côté confèrent des pouvoirs magiques à celui qu'ils surnomment "le bâton-griot". Le Bic connaît toutes les écritures : le chinois, l'arabe, le cyrillique... Et lorsque les banquiers et les décideurs évoquent aujourd'hui la mondialisation, il en est un qui rit sous capuchon : le monde, il connaît... et depuis bien longtemps !

Milton Reynolds lui aussi fit le tour du monde : il cédait précipitamment ses brevets et ses droits. En France, il rencontra Edmond Regnault. Après un passage chez le fabricant anglais Swan, Regnault avait fondé dès 1927 une fabrique de stylos dans l'Aisne. Puis, dans l'immédiat après-guerre, il avait installé une nouvelle usine à Valence dans le sud de la France. Il récupérait non seulement les locaux de l'horloger Lip, mais surtout quelques membres d'un personnel très expérimenté dans le domaine de la micro-mécanique, secteur très utile pour la fabrication des pointes bille. Toutes les conditions se trouvaient rassemblées pour commencer la fabrication. Il ne manquait plus que les brevets ! Edmond Regnault se porta acquéreur non seulement des brevets mais aussi de la marque Reynolds. Puis il se mit à l'ouvrage.

Aujourd'hui, la société se situe dans les toutes premières places mondiales des fabricants de stylos à bille ! L'usine de Valence produit plus de quatre millions de pièces par jour parmi lesquelles le désormais classique "Fine Carbure", l'un des modèles de référence de la marque. Les services postaux bénéficient d'une série spéciale du "Fine Carbure" : le "540 à encre de sécurité". Facilement identifiable par sa couleur jaune, ce stylo-bille assure l'indélébilité des adresses et des signatures.

Dans cette autre affiche d'André François, le stylo-bille dessine des tatouages sur le corps d'un marin débonnaire.
Il faut parcourir une à une les inscriptions sur le torse et les bras du matelot pour découvrir qu'en fait de messages amoureux il s'agit de la liste des qualités du BF rétractable à pointe fine !

Feutres et rollers

Déroulant derrière elle un minuscule film d'encre, la bille faisait son chemin, traçait sa route, ouvrait une voie nouvelle : celle des instruments qui courent sur la page. Elle glissait, elle surfait en silence, mais n'avait pas la souplesse et la subtilité du pinceau japonais qui dépose l'encre en caressant le papier. Certains fabricants du pays du Soleil levant, précisément, l'avaient bien compris. C'est pourquoi, en 1963, la société japonaise Pentel eut l'idée d'intégrer une pointe-feutre acrylique dans un corps plastique. Le Sign Pen, héritier naturel du pinceau de calligraphie, ouvrait de nouvelles routes : celles des feutres. A l'intensité et à la luminosité de l'encre s'ajoutaient une douceur et une souplesse d'écriture inconnues jusqu'alors.

Dix ans plus tard, en 1973, Pentel récidivait avec le Ball Pentel R 50, le premier feutre à bille. A nouvel outil, nouveau progrès : alimentée en permanence par capillarité, la pointe ne séchait pas. La combinaison des deux systèmes – bille et feutre – permettait une écriture fine et régulière. Dès sa sortie, le Ball Pentel connut lui aussi un immense succès. La France fut le premier pays européen à l'adopter, à tel point que la marque japonaise y créa dans les années soixante une unité de production qui fabrique aujourd'hui plus de trois cent mille stylos par jour !

Illustrant la haute technicité des rollers contemporains, le V5 de Pilot dont on aperçoit quelques-uns des quarante disques destinés à réguler l'écoulement de l'encre...

Une révolution sans précédent ne faisait que commencer. Grâce aux *fineliners* ou "micro pointes", la famille des feutres s'est encore agrandie. Disposant désormais de pointes fines maintenues par de minuscules tubes métalliques, ces outils s'adaptent parfaitement à des travaux d'écriture qui réclament des traits de grande précision.

Il est bien difficile de ne pas s'égarer dans le monde complexe qu'ont bâti la bille et ses voisins d'écriture. Bic, Reynolds mais aussi Pilot, Pentel, Pélikan, Paper Mate, Rotring, Schwan Stabilo, Uni Mitsubishi... la liste est longue des marques qui créent chaque jour de nouveaux produits sans cesse plus performants.

Le *roller* s'est affirmé comme un instrument à part entière. Qu'il soit feutre à bille, pointe fine métal, pointe plastique ou bille ultra-fine, à la différence des traditionnels stylos-billes qui utilisent des encres épaisses, il fonctionne avec des encres liquides à base d'eau. Elles lui permettent de produire une écriture plus douce, plus glissante, plus agréable. Certaines de ces encres, comme l'encre à pigentation – à base d'eau et de pigments naturels – d'Uni Mitsubishi, résistent non seulement à la lumière mais aussi à l'eau. Finies les écritures qui fânent au soleil ou les mots effacés par quelques gouttes de pluie.

De plus, le roller est instantanément prêt à fonctionner en toutes circonstances, que ce soit pour griffonner quelques mots sur un coin de nappe en papier, ou un numéro de téléphone sur un ticket de métro. Plus besoin d'appuyer pour écrire ! Cette simplicité, cette facilité d'emploi s'obtiennent au prix d'incroyables prouesses technologiques. Les rollers d'aujourd'hui sont en fait de véritables usines miniatures.

Légitimé par une élégante en tenue de soirée, l'objet d'écriture, semblable au fume-cigarette, nous entraîne dans le "monde". Et pourtant, seul brille le corps du stylo-bille anobli par l'or, symbole de luxe et de richesse. Enrichie d'un jeu de mot précieux, l'affiche, datée de 1986, marqua les esprits...

En filigrane : pour éviter que l'encre ne sèche trop rapidement, le stylo-plume et le feutre-bille "Legacy" de Sheaffer ont besoin d'un capuchon. Ce n'est pas le cas du stylo-bille de la même série, dont la pointe rétractable bénéficie d'une recharge longue durée qui permet de tracer entre trois et cinq kilomètres d'écriture ! Dessins d'études de la série des trois Sheaffer Legacy (de gauche à droite : plume, bille, feutre-bille).

Deux compagnons de notre quotidien de l'écriture depuis 1973, le Pentel R50 – il valait cinquante yens à sa sortie au Japon – et le R56 créé quelque temps plus tard. Ce dernier dispose d'une pointe plus fine. Lors du lancement du R56, une photographie célèbre et apparemment prise sur le vif conféra à ce feutre à bille une notoriété mondiale. On y voyait un Papou qui avait remplacé l'anneau qu'il porte traditionnellement dans le nez par un Pentel R56.

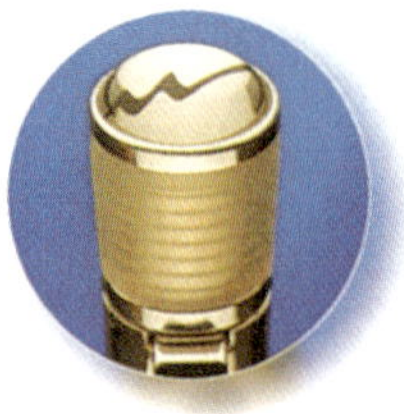

Le premier roller à encre en gel, lancé par Pentel en 1992, dispose d'un système de contrôle qui, pour éviter le séchage, alimente la pointe en continu. A l'intérieur du corps du V5 à encre liquide, de Pilot, ça n'est pas moins d'une quarantaine de disques, alignés autour d'un axe central, qui gèrent le débit de l'encre.

Les différents rollers d'Uni Mitsubishi possèdent, quant à eux, un régulateur "thermique": c'est notre main, et sa température, qui agissent directement sur le fonctionnement de l'objet. Il fait corps avec nous, devenant presque un instrument vivant !

Par le passé, les porte-plumes dits "ergonomiques" étaient destinés à maintenir, contraindre, obliger. Aujourd'hui, à la civilisation de l'écriture qui glisse correspond une nouvelle "ergonomie douce". La tenue en main de l'outil – le grip – est assurée par des disques et des bagues caoutchoutées destinées à adoucir la zone de préhension. Souplesse, absence de fatigue sont plus que jamais à l'ordre du jour. Objet au design très original, le Sensa de l'américain Willat s'affirme comme "le stylo le plus confortable du monde". Il dispose en effet d'une zone de préhension souple en silicone qui s'adapte à toutes les mains. Chez Pilot, le modèle "Dr Grip" est censé réduire – jusqu'à quarante pour cent – la pression nécessaire pour tenir le stylo… C'en est bien fini des efforts musculaires excessifs et de la redoutable crampe de l'écrivain, les billes et rollers "anti-stress" sont nés !

Design et ergonomie sont habilement combinés dans ce stylo-bille californien : le Sensa. Si la pointe bille reste classique, la zone de préhension "molle" s'adapte parfaitement à chaque main. Avec un tel outil, il devient impardonnable de ne pas écrire !

Avant de devenir un stylo-bille à succès, le Panta de JIF fut d'abord un stylomine. Il rassemblait quatre mines de couleurs différentes. Elégant, astucieusement conçu, il confirmait les compétences de JIF dans le domaine d'objets d'écriture très élaborés.

Souvent vêtus de noir ou de gris, ces nouveaux outils au corps en partie transparents dévoilent leurs encres, affichent leur technologie : graduations, marquages, identification, codes... Même à faible coût, ils tendent à s'identifier aux instruments professionnels – Rotring Isograph, Pélikan Graphos – traditionnellement réservés aux architectes et aux dessinateurs. La frontière qui sépare écriture et arts graphiques n'est-elle pas en train de disparaître ?

De par leurs qualités, leur esthétique, leurs innovations techniques, certains modèles ont marqué leur époque.

Dans les années soixante-dix, les amateurs de design avaient salué comme un événement la sortie de l'Aurora Thési – aux étonnantes formes plates et angulaires – puis du Lamy Spirit – fabriqué d'une seule pièce. Ils peuvent aujourd'hui se délecter des productions de la firme japonaise Tombow qui crée des stylos-billes disposant de réelles qualités tant ergonomiques qu'esthétiques – l'Océanic, en forme de poisson, l'Espana, avec son clip ondulant, le Titan, véritable fusée aux lignes pures...

On se souvient aussi du succès du Waterman Panta-bille inventé par JIF en 1947 – et récemment réédité – qui réussit le tour de force de réunir, dans un seul et même corps aux lignes effilées, quatre pointes billes de couleurs différentes ! Il fut longtemps le symbole d'une écriture moderne.

Aujourd'hui, c'est au tour de Rotring de rassembler dans ses Trio et Quattro plusieurs types d'écritures différentes – bille, roller, portemine, surligneur, pointe polymère pour informatique... Avec un seul poussoir cette fois, en tournant simplement le stylo, on appelle sous les doigts la trace de son choix.

Ces différentes études de style préfigurent un étonnant roller d'Omas, le modèle 360. Son corps à trois facettes est une réponse originale à des questions à la fois d'ergonomie et d'esthétique.

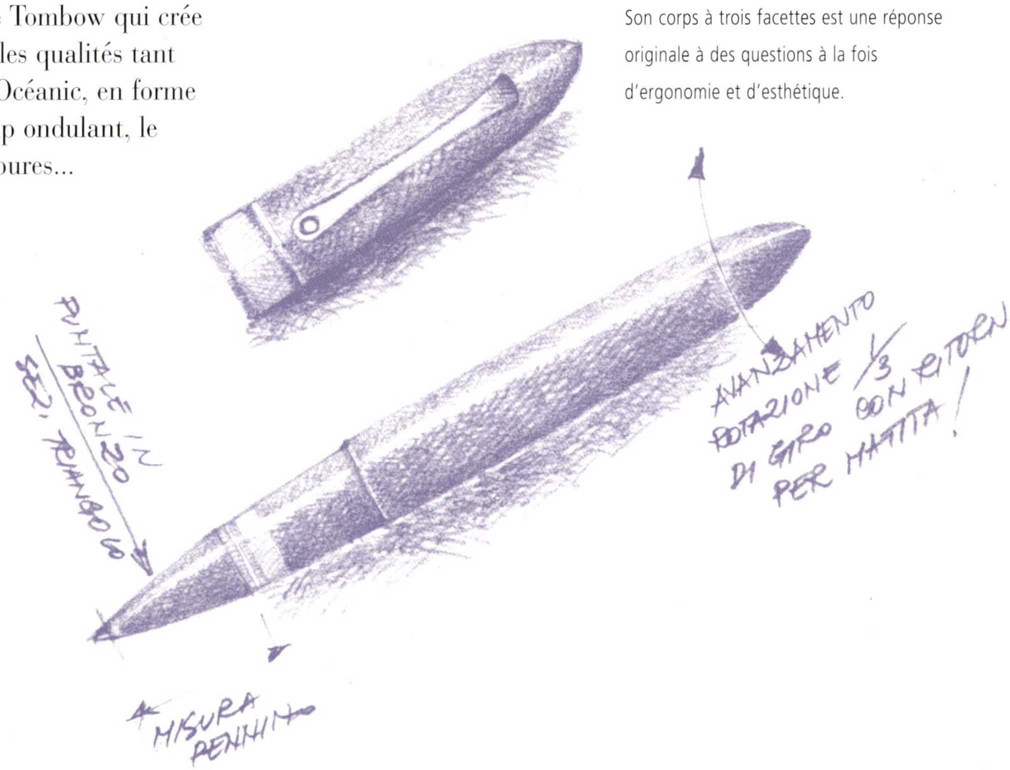

Le Dunhill AD 2000 en fibre de carbone (en haut) appartient déjà au prochain millénaire. Son corps fuselé, son clip escamotable nous rappellent que la fibre de carbone, employée en aéronautique et dans la course automobile, peut descendre du ciel ou quitter les circuits, pour rejoindre les objets d'écriture de luxe.

A.G. SPALDING & BROS.

Voici venu le temps des pots à crayons, véritables bouquets de billes, de rollers et de feutres dans lesquels nous puisons au gré de nos humeurs et de nos envies. L'heure est aux outils pratiques et bon marché. De plus, ils sont jetables, pas question de s'y attacher, ce ne sont que des flirts : si on les perd, on les remplace !

La vitesse – qui leur colle à la peau – est une constante dans les messages que délivrent les publicitaires. Aujourd'hui encore, presque un demi-siècle après le célèbre slogan "elle court, elle court !", un non moins célèbre jetable, le G-1 de Pilot se présente comme "le stylo-bille le plus rapide du monde !"

Mais cette rapidité a un prix, c'est la linéarité. Ce que l'on gagne en vitesse d'écriture, on le perd en nuance de trait. La "bille qui roule" n'est plus la fille de notre civilisation de copistes et de calligraphes. Elle trace telle qu'elle est programmée. Pression et action de la main n'y peuvent rien. Et pourtant, nous la choisissons toujours avec soin. Nous nous attachons parfois à un roller ou à un *ballpen* autant qu'à un stylo-plume bien plus coûteux. Tout simplement parce que ces outils modernes n'en demeurent pas moins de fidèles compagnons d'écriture.

Les mots de Jean Dutourd pour le 180 – un *ballpen* de Parker – nous révèlent que l'on peut aussi tomber amoureux d'une bille : "Tu effleures si légèrement que je crois écrire avec ma pensée et non avec ma main. Baguette légère, baguette d'or, baguette magique grâce à laquelle j'entre en moi pour y chercher tout ce que je ne sais pas qui s'y trouve. Tige fine et fuselée, petite bille intelligente qui frétille et qui trotte, tu es le cheval du poète. Avec toi, j'ai parcouru des milliers de pages ; j'ai galopé dans les plaines heureuses, j'ai gravi des montagnes arides, j'ai dessiné l'amour, le bonheur, le malheur, le destin. J'ai dessiné aussi le rire."

Fin de siècle, ou début d'un nouveau millénaire, rollers et billes dessinés dans les aciers satinés offrent aux doigts de nouvelles matières. Page ci-contre, de haut en bas, Lexon mat, Alysée, Sensa Silver Cristal, roller Spalding, Compact, Solo, Iris et Spalding-bille.

Le passage du stylo-plume au stylo-bille n'est pas toujours chose facile pour les designers. La plume est souvent imposante, la bille plutôt discrète. Le Persona, conçu en 1990 par Mario Bellini pour Lamy, est l'illustration d'une parfaite réussite dans cette délicate transition.

PARKER
VOUS SAVEZ COMMUNIQUER AVEC
ET AVEC UN
Sch

Les instruments du futur

L'ordinateur est en train de révolutionner le monde de l'écrit. Dans le secret des disques durs et des processeurs, la machine mémorise le texte, le met en page, l'édite. Très vite, on passe du manuscrit – voire de la pensée – à l'écran, puis à l'impression. De plus, l'informatique offre un large choix de caractères et de polices qui nous permettent d'être manipulateurs d'une esthétique de l'écriture à laquelle nous n'avions pas accès jusqu'alors : la typographie. De même qu'on opte pour une encre ou un stylo, on choisit la mise en page de ses messages. Le "tout-informatique" requiert pourtant toute notre vigilance : par son principe d'enregistrements – donc d'effacements – successifs, il détruit la genèse du texte dont on conserve rarement les différents stades d'élaboration. L'absence de ratures, de surcharges, de corrections nous prive d'informations pourtant précieuses lorsqu'il s'agit de structurer et d'améliorer les nuances de la pensée ; les brouillons d'écoliers, que nous avons si souvent jetés, n'étaient-ils pas les témoignages les plus vivants de notre long apprentissage ? Imparfaits, truffés d'erreurs, mais aussi de vagabondages créatifs, loin de la sévérité des "cahiers du jour", ils représentaient un formidable territoire d'expression.

Voici les objets qui ont servi à écrire ce livre d'abord, la parure Duofold Parker Tango. Le portemine est à mine fine, le stylo-plume fonctionne à l'encre noire ou bleue, c'est selon les moments. Au-dessous, une autre réédition de Duofold, le Mandarin cette fois à encre noire. Cadeau sublime... Plus bas, le Reform à encre noire dont je bénis les qualités d'écriture. A côté, le roller Reynolds Ink Point. C'est un outil délicat et agile capable de se glisser entre les lignes pour effectuer les corrections les plus acrobatiques. Au-dessous, un fabuleux Waterman Patrician à encre violette, doté de la plus extraordinaire des plumes et son portemine. En bas à gauche, la souris avec la petite pomme ne cache pas ses origines. Absent sur la photo, un Waterman 100 qui m'est totalement fidèle depuis plus de quinze ans.

La souris très design du nouvel iMac Apple.

Dérisoire semble aujourd'hui la vitesse de la main par rapport à la puissance de l'informatique, dérisoire, le long voyage de la lettre, comparé au message téléphonique ou à la télécopie presque instantanés.

Et pourtant, le renouveau de la calligraphie est significatif d'une étonnante résistance de la "main à la plume". Au contraire de l'accélération du monde, la belle écriture "est un art [...] de patience dont on ne peut brûler les étapes", nous apprend le calligraphe Hassan Massoudy.

Cette indéniable renaissance nous rappelle que l'écriture manuscrite reste un besoin intellectuel mais aussi corporel et qu'elle peut même contenir quantité d'effets psychologiques nécessaires à notre équilibre. S'il est vrai que la pensée est plus rapide que la main, cette dernière doit conserver son rythme naturel. "La lenteur de la main est bénéfique : il ne faut pas dicter, l'écriture doit rester attachée, non à la voix mais à la main, au muscle : [...] pas de brouillon rapide !" écrivait le rhéteur romain Quintilien, il y a presque deux mille ans.

A la différence de l'Occident, l'Islam et l'Orient ont su maintenir au fil des âges la dimension métaphysique du geste d'écriture. Dans le monde arabe, en Chine ou au Japon, malgré toutes les érosions du langage écrit, la calligraphie reste une expression quasi magique de la poésie. L'esthétique de la lettre, du mot, de l'idéogramme, la créativité graphique quasi permanente font des calligraphes d'aujourd'hui – comme ceux du temps passé – de véritables artistes.

Quelles qu'en soient les techniques et les qualités, les machines à écrire apparaissent aujourd'hui comme des instruments préhistoriques. Elles n'ont pas résisté aux assauts de l'informatique.
J'ai eu la chance de pouvoir disposer quelque temps de la machine à écrire de François Mauriac, une Dactyle. Sa lenteur de fonctionnement m'apparut presque criminelle, alors que les deux Waterman de l'écrivain me semblaient tellement proches des stylos d'aujourd'hui !

Pour répondre aux besoins du grand public cette fois, les efforts consentis par certains fabricants ont donné naissance à des instruments de grande qualité. De véritables nécessaires de calligraphie donnent à nouveau l'envie de "prendre la plume". L'"Art Pen" de Rotring , le "Reform" de Muschler et bien d'autres... illustrent ce retour de la belle écriture. Nombreuses sont aujourd'hui les firmes qui intensifient leurs recherches ; déjà, on parle d'instruments révolutionnaires dont la souplesse et la précision rivaliseraient avec les meilleurs calames et plumes d'oie...

De leur côté, les concepteurs de matériels informatiques se sont penchés sur des logiciels d'écriture. Certains ont choisi le raccourci le plus direct entre la pensée et la page : dictons à la machine, elle écrira toute seule, par identification vocale !

D'autres options concernent la pratique et la reconnaissance de l'écriture manuscrite. Grâce au Digital Writer de l'Américain Cross, l'homme d'affaires dispose aujourd'hui d'un stylo spécifique pour noter à la main ses rendez-vous sur les pages d'un agenda électronique. Toujours chez Cross, le I Pen est quant à lui capable de remplacer la souris ! Ce stylo qui ressemble à s'y méprendre à un roller dispose d'une pointe polymère qui permet – sur un tapis-page parfaitement adapté à la sensation de l'écriture sur papier – non seulement de pointer – comme avec une souris – mais aussi d'écrire et de corriger à la main des documents directement sur écran.

Et le stylo du futur... quel sera-t-il ? Nous suffira-t-il un jour de prendre des notes sur papier puis – tout en ayant gardé une trace manuscrite de nos réflexions et de nos travaux – d'insérer notre stylo dans un support qui analysera tous les mots ou dessins de la journée et les transcrira directement sur l'ordinateur en mode "manuel", "machine" ou "vocal", selon notre choix ? Que deviendront alors les encres, les plumes et les billes ? Appartiendront-elles définitivement au passé ?

En attendant l'instrument idéal – mi-informatique, mi manuel –, imaginons plutôt une juste répartition des territoires entre main et machine. Considérons que les outils d'aujourd'hui ne sont pas destinés à se substituer aux anciens mais à nous apporter plus de choix et de liberté.

D'une part, la machine : elle nous soulage de tâches lourdes et fastidieuses, de copies, de corrections, de reproductions… Le texte imprimé, dans des conditions aujourd'hui quasi parfaites, assure aux informations utiles, aux courriers administratifs et professionnels une plus grande lisibilité, une meilleure souplesse de manipulation et de transmission.

La main, de son côté, tient un rôle essentiel dans le fonctionnement social : contrats, actes notariés, engagements de toutes sortes n'ont de valeur que revêtus de la forme la plus personnelle de l'écriture : la signature.

Signe suprême d'identification, la main est irremplaçable dès qu'il s'agit de transmettre à autrui un message personnel. Ecrire à la main, c'est affirmer son existence, donner la mesure des relations avec les autres et retrouver un peu d'humanité. C'est aussi s'exposer, se dévoiler ; familiers, amicaux, amoureux, nombreux sont les événements de la vie qui engendrent des gestes manuscrits.

De même qu'on a toujours plaisir à tourner les pages d'un livre, à déguster les mots, les images, mais aussi l'odeur et le toucher du papier, on s'attable pour écrire et savourer la tenue d'un stylo, d'un roller ou d'un crayon à papier… tant d'instruments qui prolongent l'outil le plus subtil jamais inventé : la main, la même qu'il y a vingt mille ans, au temps des premières "écritures" de Lascaux ou d'Altamira !

Quand la plume, symbole de l'écriture, devient aussi celui de la légèreté ; sur fond de filigrane pour un papier "poids-plume" *featherweight*, différents papiers précieux et un stylo, lui aussi à plume, de la maison Smythson à Londres (page suivante). Ainsi rassemblés, les objets essentiels de l'écriture nous rappellent la force d'une pratique encore toute jeune dans l'histoire de l'humanité. Comme le dit Etiemble : "Alors que les hommes naissent et meurent depuis un million d'années, ils n'écrivent que depuis six mille ans".

En filigrane sur cette page et peut-être bientôt dans notre vie, le I Pen de Cross, un stylo informatique à pointe polymère.

SMYTHSON
REGISTERED
FEATHERWEIGHT
LONDON
The Ritz

Thermidor an 6

Extrait Des Registres des
De Naissance De la Commune de
Lorient departement du Morbihan

Le quatre Thermidor an Six de la Republ
Française, Nous officier public Certifions qu'il Na
été présenté par Jean-François anger, agé d
Vingt-huit ans né et Marié en Cette Comm
une fille a la quelle il a Donné le prenom d
Clementine, née Sur le quay Ce Jour a Six heur
Matin, de Son Mariage avec Bonne-agat
Neron agée De Vingt-trois ans et demi née e
Cidevant paroisse Notre dame de la Commun
hennebont En Ce Departement temoins ont
Jean Neron Notaire public agé de Soixante an
ayeul paternel de l'Enfant et Marie-anne N
agée De Vingt deux ans Epouse d'alexandre Desch
officier de Marine et tante Maternelle de l'Enf
tous domiciliés en Cette Commune Dont acte

Carnet d'adresses

Les boutiques

Nombreux sont les espaces qui accueillent des accessoires de l'écriture. Certains lieux ont pris le parti d'une présentation générale, d'autres se spécialisent dans le domaine du stylo, d'autres enfin s'orientent vers la vente de nouveaux outils audacieux, enfants du design et de la fantaisie. Dans cette liste qui ne se prétend pas exhaustive vous pourrez découvrir plume, bille ou papier à votre main.

STYLOS ET ACCESSOIRES D'ÉCRITURE

L'Art du Bureau
47, rue des Francs-Bourgeois - 75004 Paris - Tél. : 01 48 87 57 97
En plus d'une large gamme de stylos, d'objets pour le bureau et de maroquinerie, cette boutique commercialise d'étonnants portemines et rollers de grande taille, réalisés au Japon pour la marque américaine de design Spalding and Bros.

Calligrane
4 et 6, rue du Pont Louis-Philippe - 75004 Paris - Tél. : 01 48 04 31 89
Des objets de bureau de très grande qualité : papiers, gommes, crayons. Douze couleurs pour une encre à stylos venue d'Allemagne. Nos préférences vont à l'aubergine, la violette et le brun praliné. Grand choix de stylos Lamy dont le Swift, un roller sans capuchon à écriture souple et précise. Il fonctionne à l'encre liquide.

Le Calligraphe
84, boulevard de Charenton - 75012 Paris - Tél. : 01 53 17 08 76
Il ne s'agit pas là d'une boutique mais d'une adresse de vente par correspondance. Un catalogue nous permet enfin de nous procurer plumes d'oie, calames, papyrus, papier, parchemins et même d'authentiques vélins (comme au Moyen Age) ! L'atelier de calligraphie n'est pas avare de conseils d'achat et d'utilisation de ses produits ; la pratique de la calligraphie nécessite en effet un minimum de connaissances.

Comptoir des écritures
35, rue Quincampoix - 75004 Paris - Tél. : 01 42 78 95 10
Un lieu unique pour acquérir le matériel de calligraphie et les accessoires de l'écriture (objets modernes). A découvrir, en liaison avec la boutique, une magnifique galerie d'exposition dédiée aux calligraphes du monde entier et l'Aractère, une école de calligraphie sous la direction d'enseignants de haut niveau.

Les Crayons de Julie
17, rue de Longchamp - 75016 Paris - Tél : 01 44 05 02 01

Dupré Signature
141, rue du Faubourg-Saint-Honoré - 75008 Paris - Tél. : 01 45 61 50 71
Un lieu important où l'écrit est un « art de vivre ». Toutes les marques, de nombreux modèles, un grand choix de plumes. Des objets d'écriture à choisir en direct, un lieu parfait pour découvrir le stylo idéal, équilibre entre ergonomie, fonctionnalité et aspect. De plus chez Dupré, grâce à un service de gravure, on peut très rapidement personnaliser le stylo de son choix. De nombreux accessoires de l'écrit (papiers simples ou précieux, cartes de visite...) complètent la panoplie de tout passionné d'écriture.

L'Ecritoire
61, rue Saint-Martin - 75004 Paris - Tél. : 01 42 78 01 18

Elysées Stylos Marbeuf
40, rue Marbeuf - 75008 Paris - Tél. : 01 42 25 40 49
La boutique a fêté ses 50 ans d'activité en 1990. Le professionnalisme du lieu est incontestable. L'accueil est parfait et la gamme de produits présentée, large et cohérente. Les dernières audaces du design - Jorg Hysek, Lamy - voisinent avec les grands classiques. Boutique recommandée.

Elysée Saint-Honoré
21 rue Jean Mermoz - 75008 Paris - Tél. : 01 43 59 96 78
Spécialiste de stylos.

Get a Pen
30, rue Dauphine - 75006 Paris - Tél. : 01 46 33 32 50
Les Lamy, Tombow, Faber-Castell, Parafernalia, Sensa, Fisher, Pélikan Level 5 ou même des stylos de créateurs illustrent les options prises par Get a Pen dans le domaine du design. La curiosité tous azimut est la particularité de la boutique ; on y trouve même des stylos en forme de haricots, de poissons. A noter les hémisphères en plastique translucide ou en caoutchouc métallisé. Parallèlement aux instruments d'écriture, Get a Pen a développé Tout note, sa propre marque de cahiers (à spirales, reliés, brochés). A l'intérieur, les lignes tracées pour écrire sont en couleurs lilas, or, orange, bleu : un rêve d'écriture !

Lamartine
118, rue de la Pompe - 75016 Paris - Tél. : 01 47 27 31 31
Chez Lamartine, grande librairie parisienne depuis 1926, manifestement on aime l'écrit. La boutique cadeaux est le rendez-vous des passionnés d'écriture. On est accueilli et conseillé par des spécialistes, les grandes marques de stylos sont représentées dans la boutique. Ne pas oublier de passer au rayon agendas et organizers : le choix est unique à Paris !

Margueritat
59, avenue Kléber - 75116 Paris - Tél. : 01 47 27 86 68
Véritable papeterie, cette boutique réputée dans le domaine de la réparation de stylos anciens (voir aussi la rubrique Réparateurs) vend aussi de nombreux stylos neufs, papiers et outils du quotidien pour écrire, billes, rollers, crayons à papier....

Memo Art
Le Carrousel - 99, rue de Rivoli - 75001 Paris - Tél. : 01 42 86 54 70
Cette boutique (ouverte le dimanche) offre un choix remarquable des plus grandes marques de stylos, les grands classiques aussi bien que les objets au design contemporain. A noter aussi de beaux papiers à lettres.

Mercier et Violet
8 passage des Panoramas - 75002 Paris - Tél. : 01 42 36 37 22
Les amateurs de plumes d'oie, d'encriers en verre ou cristal, de porte-plumes en argent trouveront leur bonheur dans cette boutique qui rassemble de nombreux accessoires pour écrire à l'ancienne.

Montblanc
60, rue du Faubourg-Saint-Honoré - 75008 Paris - Tél. : 01.40.06.02.93
47, rue de Rennes 75006 Paris -
2, rue du Paradis à Nice - 26, cours Clemenceau à Bordeaux
La célèbre marque développe un nouveau concept de boutique où l'on peut découvrir ses différents objets consacrés à l'écriture - stylos, parures de bureaux, encriers, papiers, agendas... On peut aussi y faire estimer ou réparer un modèle ancien.

André Mora
7, rue de Tournon - 75006 Paris - Tél. : 01 43 54 99 19
On peut aller chez André Mora pour faire réparer ou acheter un stylo ancien (voir rubrique Réparateurs) mais aussi pour choisir un stylo neuf dans une large gamme de modèles et de prix. Les grandes connaissances techniques d'André Mora dans le domaine du stylo en font un précieux conseiller pour tout achat.

Nature et Découvertes
Le Carrousel - 99, rue de Rivoli - 75001 Paris - Tél. : 01 47 03 47 43
Cette chaîne de magasins, représentée tant à Paris qu'en province, propose un choix d'objets d'écriture diversifié. Les plumes d'oie sont issues des élevages du Poitou, les porte-plumes en verre viennent tout droit de Murano. Encres nacrées ou parfumées, coffrets d'écriture, stylos-billes et porte-plumes complètent un éventail d'objets divers sans oublier des porte-plumes en bois de tilleul, érable, chêne, cèdre, olivier...

Opéra Stylos
26, boulevard des Italiens - 75009 Paris - Tél. : 01 47 70 26 52
Opéra stylos, c'est un demi-siècle d'expérience au service de l'exigence. Dans ce temple de l'écriture, on découvre de nombreuses idées cadeau. De plus, un service de gravure est proposé sur place et l'atelier d'interventions rapides permet de remettre en état la plupart des stylos défaillants. Le département cadeaux d'affaires est particulièrement attractif : briquets, stylos, agendas, accessoires, maroquinerie de poche et sacs se côtoient dans une luxueuse vitrine-exposition.

Ordning et Reda
53, rue Vieille-du-Temple - 75004 Paris - Tél. : 01 48 87 86 22
Boutique également à Dijon.
Une boutique de papiers aux couleurs gaies et d'outils d'écriture au design original en particulier un très gros crayon dessiné par un instituteur suédois pour apprendre à écrire... très utile pour les mains. En quelques années, le concept Ordning et Reda - parti de Suède - s'est répandu dans le monde entier (Londres Tokyo, Paris, Vienne, New York...)

Papeterie du Dôme
108, boulevard Montparnasse - 75014 Paris - Tél. : 01 43 35 25 74
C'est l'amour du stylo que l'on ressent en entrant dans cette boutique traditionnelle. Un soin particulier est apporté à la présentation de chaque stylo. Chaque plume et stylos sont soigneusement rangés et présentés comme des objets uniques. La Papeterie du Dôme fait partie de ces boutiques qui souhaitent offrir à leurs clients un vrai choix de plumes bien adaptées à chaque main.

Choisir un stylo

OÙ ACHETER ?
S'adresser à un professionnel, qui saura prendre le temps de conseiller, d'écouter. Papetiers et libraires spécialisés sont plus faciles à rencontrer dans des grandes villes...

COMMENT CHOISIR ?
Il existe de très bons stylos à tous les prix, il suffit de faire preuve de curiosité et de discernement. Se méfier des modes, des « modèles stars » : on achète pour écrire et pour soi. La qualité d'un stylo ne se mesure pas à la taille, au poids ou à l'écrin mais au plaisir et à la facilité de tenue en main. Faites un tour aux salons spécialisés ouverts au public. On y retrouve les grandes maisons, on y découvre aussi des artisans talentueux.

COMMENT ESSAYER ?
Il faut essayer, si possible non pas debout, comme dans la plupart des boutiques, mais assis, en réelle situation d'écriture.

ENCRES...
Une fois qu'on a fait son choix - dans une large gamme de couleurs disponibles - utiliser toujours la même encre, sinon rincer le stylo - bloc plume et conduit - à l'eau froide, avant de changer de couleur ou de marque. L'éventail des couleurs disponibles est aujourd'hui très large.

ET PAPIERS
Le papier a son importance, pour bien écrire avec un bon stylo, il faut du papier de qualité, qui n'accroche pas sous la plume : la qualité d'une écriture dépend aussi du support. Faites un effort dans ce domaine. Essayez plusieurs papiers de grammages différents ; évitez les papiers ordinaires sur lesquels l'encre pénètre trop vite par un effet buvard sous la plume. Les différences sont très sensibles.

CARTOUCHE OU PISTON ?
La cartouche est parfaite pour circuler, voyager. Les autres systèmes de remplissage sont adaptés à des outils qui restent au bureau, à la maison... sinon ne pas oublier de faire le plein avant de partir !

NEUF OU ANCIEN ?
Si les stylos anciens sont pour certains difficiles à utiliser au quotidien, certains modèles dits semi-modernes - des années 1940 à 1970 - parmi lesquels le Parker 51, le Waterman CF, certains Sheaffer, Omas, Pélikan, Montblanc... sont parfaitement utilisables au quotidien, à condition d'être choisis sur les conseils d'un spécialiste. Quel plaisir d'écrire avec un authentique, plutôt qu'avec sa réédition plus ou moins bien réussie. Attention à l'état de la plume qui doit être irréprochable. C'est elle qui fait l'écriture.

UN BON STYLO POUR TOUS !
Pour transmettre le goût de l'écriture, le stylo « sous blister » du supermarché n'est peut-être pas une solution unique !
Ne pas hésiter à initier les enfants aux caractéristiques des bons stylos : bonne tenue en main, cartouches simples à remplacer, plumes qui glissent bien... si en plus l'outil est « rigolo » et bon marché... Stypen up, Lamy ABC, Pélikano et bien d'autres. A prix réduit pour les lycéens, l'Art Pen de Rotring, le Reform de Muschler ou le Harley de Stypen sont des choix qu'on ne regrettera pas.

POUR SOI,
Un stylo est un objet très personnel qui ne se prête pas.
Si l'on est plutôt « tête en l'air », éviter d'emporter partout un très beau stylo que l'on risque de perdre !
Si l'on a toujours différents objets en poche, prévoir un étui pour protéger son stylo.

ET POUR LONGTEMPS...
Une fois adopté le modèle de stylo qui nous correspond, lentement, sa plume « se fera » à notre main.
Un objet qu'on gardera peut-être toute une vie vaut la peine d'être vraiment « choisi ».

Palais du stylo
9, rue Auber - 75009 Paris -
Tél. : 01 47 42 31 42

Paris Scribe
Marché Saint Germain des Prés - 75006 Paris - Tél. : 01 46 33 91 17
Cette chaîne de boutiques propose un choix diversifié de stylos-plumes.

Paris Stylos
96, rue Saint-Lazare - 75009 Paris - Tél : 01.48.74.48.20

Plein ciel
Plus de 400 boutiques - Tél. Service consommateur : 01 69 18 55 36
Qui ne connaît pas le logo Plein Ciel en forme de carré rouge strié de blanc ? Premier distributeur de papeterie et d'objets d'écriture, Plein Ciel propose dans les boutiques de son réseau un très beau choix de papiers et de stylos, des plus simples aux très luxueux.

Point Plume
21, rue Quentin-Bauchart - 75008 Paris - Tél. : 01 49 52 09 89
Lieu privilégié en plein « triangle d'or », Point Plume est le rendez-vous d'une clientèle internationale à la recherche d'instruments d'écriture ou de cadeaux de prestige propre à honorer les personnalités les plus exigeantes. La boutique de monsieur Ridel (passionné lui-même par toutes sortes d'objets d'écriture) est spécialisée dans les séries limitées, les créations originales et les pièces uniques (tels le mandarin-support de stylo destiné à tenir en main la réédition du Duofold de Parker). Point de vente luxueux, Point Plume est véritablement le joaillier de l'écriture.

Styl'Honoré
rue du Marché-Saint-Honoré -
75001 Paris - Tél. : 01 42 60 43 39
Au milieu de stylos et d'accessoires d'écriture dont des plumes taillées et gravées sur mesure, cette boutique propose une grande variété de couleurs d'encres dont les noms sont autant d'invitations à l'écriture : rouge cerise, vert kiwi, marron chocolat...

Stylos Wagram
13, avenue de Wagram - 75017 Paris - Tél. : 01 43 80 20 71
Située à deux pas de la place de l'Etoile, la boutique est adhérente au Cercle européen des professionnels du stylo (voir notice en fin de rubrique). Spécialistes des grandes marques de stylos, monsieur et madame Fau proposent une très belle sélection de blocs-plumes immédiatement disponibles pour trouver plume à sa main ; des gens passionnés qui connaissent bien leur métier.

Cercle européen des professionnels du stylo
61, rue de la Boétie - 75008 Paris - Tél. : 01 46 22 72 12
Soixante-deux points de vente répartis dans toute l'Europe se sont rassemblés sous la bannière du CEPS, le Cercle européen des professionnels du stylo. Les boutiques adhérentes défendent une image de véritables spécialistes, pour qui l'écriture reste un univers de passion et d'enthousiasme.

LE PAPIER

Le papier participe autant que la plume au plaisir (et au résultat de l'écriture). Afin de ne pas négliger le support de nos pensées, cette liste devrait vous aider à mieux connaître, donc mieux choisir vos papiers d'écriture. A Paris on le sait, la rue du Pont-Louis-Philippe (dans le 4e arrondissement) devrait satisfaire les plus exigeants... Dans d'autres quartiers de la capitale, plusieurs boutiques consacrent une part importante au papier

Arjo Wiggins Diffusion.
66 à 68 rue du Dessous-des-Berges-75013 Paris - Tél. : 01 44 06 28 00
Dans cette boutique, la célèbre firme permet au particulier de venir choisir son papier à lettre parmi le vaste choix mis à sa disposition : papier blanc, voire très blanc, ivoire, à grain, lisse filigrané dont le célèbre Marais Médaille qu'affectionnent ministres et préfets jusqu'aux blocs de papier pelure tant appréciés de nombreuses professions libérales.

Armorial
98, rue du Faubourg-Saint-Honoré - 75008 Paris - Tél. : 01 42 65 08 18
A découvrir : des papiers classiques et de grand luxe, à quelques pas du palais de l'Elysée...

Cassegrain
422, rue Saint-Honoré - 75008 Paris - Tél. : 01 42 60 20 08
Cassegrain est un luxueux temple de la papeterie et de la gravure : on ne peut résister à la tentation de posséder l'un des trois cents papiers à lettres, vergé, vélin, toilé ou papier coton, présentés dans la boutique. Depuis bientôt 80 ans, Cassegrain est passé maître dans l'art de la gravure. Les commandes les plus traditionnelles comme les plus extravagantes sont réalisées artisanalement. A ranger sur le bureau, des carnets malins, des crayons habillés de lézard, ou de superbes stylos guillochés et laqués.

Feuille d'Ecaille
32, boulevard Beaumarchais - 75011 Paris - Tél : 01 43 38 42 42
Un choix très original de papeterie, un beau choix d'encriers, plumes, porte-plumes, crayons...

Le Jour et l'heure
3, rue Peronnet - 75007 Paris -
Tél. : 01 42 22 96 11
8, rue de Babylone - 75007 Paris -
Tél. : 01 45 55 53 34
Ces deux boutiques proposent la gamme des produits Smythson, célèbre maison londonienne fournisseur officiel de la Couronne d'Angleterre : agendas, carnets et accessoires de bureau, papiers aux qualités tout à fait remarquables. Nos couleurs préférées : cream wove et Bond Street blue.

Papeteries Gaubert
28, place Dauphine - 75001 Paris - Tél. : 01 42 33 35 86
Depuis le palais de Justice tout proche, les avocats viennent en voisins acheter leurs papier à lettre. A noter, un superbe choix de papiers filigranés.

Marie Papier
26, rue Vavin - 75006 Paris -

Choisir une plume

La plume, c'est l'âme du stylo. De la qualité d'une plume, dépendent à la fois le plaisir d'écriture et la qualité de la trace. Les grandes marques proposent aujourd'hui une gamme de plumes procurant chacune une écriture différente. Selon vos goûts et habitudes, vous privilégierez une plume disposant d'une certaine souplesse pour que l'écriture soit nuancée ou bien une plus raide qui procure une écriture plus linéaire. En tout état de cause, demandez à essayer des modèles qui offrent un choix de plumes différentes. Bien se faire expliquer puis essayer les effets de chacune d'elles - standard, obliques, italiques... les dénominations pouvant varier selon les marques.

PLUMES « STANDARD » (REGULAR)
La pointe arrondie de ces plumes leur confère souplesse et précision de l'écriture tout en évitant un surplus d'encre. Elles conviennent à toute vitesse d'écriture, de la plus méticuleuse à la signature la plus rapide, leur code est à peu près identique dans toutes les marques :
EF : extra-fine
F : Fine
M : médium
B : large (broad)
BB : extra-large (extra-broad)
Les extra-fines s'adaptent aux mains légères, les fines pour une écriture générale, les moyennes pour une écriture générale. Les plumes larges et extra-larges sont délibérément destinées à ceux qui souhaitent une trace plus épaisse, appuyée et massive Disponibles aussi chez certains fabricants, les « needle point » sont déconseillées pour l'écriture générale. Elles sont en fait réservées à des travaux techniques nécessitant des traits d'une extrême finesse.

PLUMES « OBLIQUE » (OBLIQUE / REVERSE OBLIQUE)
Les plumes obliques sont destinées à ceux qui ne tiennent pas leur plume droite. Elles compensent ainsi une écriture déviée dans laquelle l'encre atteint difficilement le bec de la plume. Comme les plumes standard, elles existent en plusieurs grades. Les plus courants sont :
OM : oblique médium
OB : oblique large (oblique broad)
OBB : oblique extra-large (oblique extra-broad).

Ainsi, moins d'une dizaine de graduations concernent la majeure partie des plumes de stylos disponibles. Cependant certains outils disposent de graduations plus sophistiquées. Il s'agit de modèles prestigieux (comme le Parker Duofold) qui peut être livré avec des modèles de plumes bien plus sophistiqués, ou de séries de stylos dits calligraphiques (Art-pen, Reform...) qui disposent de nombreuses plumes plates et biseautées. Afin de ne pas compliquer la présentation de ces différents types de plumes, précisons seulement que des plumes calligraphiques de 0.9, 1.1, 1.5, sont très utilisables pour une écriture au quotidien. Elles participent grandement au plaisir d'écrire et procurent une écriture élégante.
Les plumes acier n'ont pas le prestige des plumes en or (souplesse, qualité, résistance dans le temps) mais certaines sont très agréables à utiliser (Stypen, Reform,Rotring, Pélikan...).

Tél. : 01 43 26 46 44
Les amateurs de beaux papiers connaissent bien cette adresse de Montparnasse. Ils viennent y choisir leur papier, à la feuille, dans une gamme très coloriée, et aussi les derniers papiers à la mode : papier cristal, papier bible ainsi qu'un choix des meilleurs objets d'écriture contemporains (stylos, billes, rollers).

Papier Plus
9, rue du Pont-Louis-Philippe - 75004 Paris - Tél. : 01 42 77 70 49
Cette boutique a été l'une des premières à vendre du papier à lettre au poids. Sa gamme de couleurs est d'une rare élégance. On y trouve aussi un bon choix de crayons, d'écritoires toilées, de boîtes de rangement recouvertes de kraft ou de toile...

Le Passage
83, rue du Cherche-Midi - 75006 Paris - Tél. : 01 42 22 26 46
Accessoires anciens, coupe-papiers, loupes, encriers...

Puiforcat
2, avenue Matignon - 75008 Paris - Tél. : 01 45 63 10 10
22, rue François-1er - 75008 Paris - Tél. : 01 47 20 74 27
L'orfèvre Puiforcat a mis son savoir-faire au service de l'écriture en éditant notamment plusieurs lignes de stylos exceptionnels en argent massif et émail, dans le style très caractéristique de Jean Puiforcat. Leur coût élevé et leur fragilité ont hélas conduit l'orfèvre à abandonner la production. Dans les deux boutiques sur Paris, on peut encore se procurer quelques-unes de ces pièces originales et admirer une superbe ligne d'accessoires de bureau résolument contemporaine, en métal argenté et bois précieux.

Stern
47, passage des Panoramas - 75002 Paris - Tél. : 01 45 08 86 45
L'un des plus beaux décors de boutique à Paris. Créé dans la seconde moitié du XIXe siècle l'on se retrouve dans un «lieu-écrin» idéal pour papiers à en-tête, cartes gravées...

Où faire réparer un stylo ?

Les stylos anciens peuvent être confiés en toute sérénité à des professionnels qui les connaissent parfaitement et qui sont parfois capables de miracles ! Ce sont en tout cas des amoureux de leur travail et de grands connaisseurs.

EN FRANCE

Collectible Pens
Le Montlouis - 72510 Pontvallain - Tél. : 02 43 46 63 17
Cette boutique est spécialisée dans la commercialisation de stylos anciens et d'éditions limitées rares. Sa clientèle est internationale et en majorité américaine Pour répondre au besoin du continent nord-américain, une antenne « Collectible Pens of America » est basée à Columbus dans l'Ohio.

Creutz et fils
19, rue de l'Hôtel-des-Postes - 06000 Nice - Tél. : 04 93 85 35 13
Restaurateur de stylos anciens et modernes.

Margueritat
59, avenue Kléber - 75116 Paris - Tél. : 01 47 27 86 68
Dans cette papeterie discrète de l'avenue Kléber, les Guinaudie père et fils réparent tous les stylos anciens et disposent d'un important stock de pièces détachées. Monsieur Guinaudie « père » a vécu la longue histoire du stylo-avec ses périodes de prospérité ou de récession. Sa connaissance des modèles et des marques est étonnante et il découvre toujours dans un fond de tiroir l'accessoire qui permettra de réparer un stylo qu'on croyait condamné...

André Mora
7, rue de Tournon - 75006 Paris - Tél. : 01 43 54 99 19
Une maison française de réputation internationale. La boutique vend de beaux stylos contemporains sélectionnés avec soin. Une partie des présentoirs est consacrée aux stylos anciens et semi modernes qu'André Mora révise, répare avec précision et compétence dans son atelier pour les proposer ensuite à la vente. Cette boutique est donc l'établissement idéal pour acquérir - au prix le plus juste - un stylo ancien pour « écrire vraiment ». Dès qu'on parle stylo ou écriture avec André Mora, tout devient passionnant, il nous ouvre les portes de sa « vitrine aux merveilles » qui contient pêle-mêle des bouteilles d'encre, des remplisseurs pour stylos et une rare série de camions miniatures liés aux marques de stylos. Une boutique à découvrir absolument !

EN GRANDE-BRETAGNE

Green & Stone
259 King's Road - London SW3 - Tél. : 00 44 171 352 0837
Restauration de stylos.

Sean Lovell - Simon gray
The Battersea Pen Home - PO Box 4361 London SW 11 4XP - Tél. : 00 44 171 652 4695
Réparation générale, tous modèles de stylos.

Mansfield
30.35 Drury Lane - London
Réparation et vente de stylos et de portemines anciens et modernes.

Jim & Jane Marshall / Marestin UK
Church House, Skelton - Penrith, Cumbria CA11 9TE - Tél : 00 44 176 848 4300
Réparation générale, tous modèles.

Pen Friend
1 Panama Drive Vicarage lane - Skirlaugh HU11 5QL - Tél : 00 44 1 606 6542
Réparation et pièces détachées pour stylos anciens et modernes.

Les antiquaires

Pour acquérir divers objets d'écriture, on peut bien sûr faire confiance au hasard de « la chine » en fréquentant les salons, les brocantes et les marchés permanents. Pour les amateurs les plus impatients, certains antiquaires se sont fait une spécialité des divers accessoires et outils de l'écriture.

EN FRANCE

Georges Bernard
1, rue d'Anjou - 75008 Paris - Tél. : 01 42 65 23 83
Instruments et objets d'écriture voisinent avec de belles calligraphies du XVIIIe siècle

Monique Germano
Marché Dauphine - rue des Rosiers - 93400 Saint-Ouen - Tél. : 01 47 81 59 01.

C'est sur les foires et salons d'antiquaires que l'on peut rencontrer cette antiquaire qui s'est fait une spécialité des encriers et accessoires de voyage.

L'Homme de Plume
Marché Malassis - 142, rue des Rosiers - 93400 Saint-Ouen -
Tél. : 01 40 11 49 33
La boutique de « L'Homme de Plume » évoque l'ambiance des bureaux et bibliothèque du XIXe siècle français et présente un vaste choix de meubles, objets d'écriture et de curiosité, portraits, dessins et documents sélectionnés par Françoise Leray. Les collectionneurs peuvent y découvrir un large choix, à l'exception des stylos et des plumes au détail.

Au Passe-Partout
21, rue Saint-Paul - 75004 Paris -
Tél. : 01 42 72 94 94
Que d'objets insolites à découvrir dans la petite boutique de Marc Feldman : porte-plumes, encriers, encriers de voyage, essuie-plumes...

Sacrés Papiers
20, rue Yvonne-Le Tac - 75018 Paris - Tél. : 01 42 54 54 96
La boutique est plutôt spécialisée dans les articles de papeterie mais on peut aussi y découvrir quelques stylos anciens.

Le Cheval Bleu
Passage de la Geôle - 14 bis, rue Baillet-Reviron - 78000 Versailles -
Tél. : 01 39 49 48 92
De passage à Versailles, ne pas manquer le Cheval Bleu, les encriers, parures et divers accessoires d'écriture sont de belle qualité.

Papeterie 33
33, rue des Bonnetiers - 76000 Rouen - Tél : 02 35 71 44 42
Depuis bientôt neuf ans, cette petite boutique réussit à conserver l'esprit d'une papeterie ancienne sans pour autant sombrer dans la nostalgie.
On peut y acquérir des plumes anciennes, des porte-plumes, des encriers, des flacons d'encre et d'autres objets de curiosité, mais aussi des plumes de calligraphie, des stylos à plume, à bille ou roller, des supports d'écriture, papiers à l'unité (faits main, mécanique, parchemin, papyrus...). La boutique organise régulièrement des expositions à thème : encriers de voyage, essuie-plumes.
A découvrir une collection de 4 000 plumes métalliques dont certaines datent du XIXe siècle.

EN BELGIQUE

Guy Portagent
76, rue de la Montagne - Bruxelles
Cet antiquaire s'est fait une spécialité de boîtes, de présentoirs et de plumes métalliques de collection..

EN GRANDE-BRETAGNE

Antique Bottles
Unit 6. 1st Floor - Georgian Village - Camden Passage - London N1 -
Tél. : 00 44 171 359 4540
Adresse idéale pour acquérir des bouteilles d'encres anciennes.

Jasmin Cameron
Antiquarius, 36 - 131.141 Kings Road - Chelsea - London
Instruments du XVIIe au XIXe siècle. Cette boutique vend à la fois des encriers, des stylos et divers matériels de dessin et arts graphiques.

Cornelissen
105 Great Russell Street - London WC1B 3RY -
Tél. : 00 44 171 636 10 45
Au fond de cette boutique, située à proximité du British Museum, un espace est réservé à Philip Poole. Tous les collectionneurs de plumes du monde ont un jour fréquenté la boutique de Philip Poole (qui est aussi président d'honneur de la « Writing Equipement Society », l'association des collectionneurs britanniques d'objets d'écriture) qui est réellement le « père » des collectionneurs de plumes.

The Good Fairy Antique
Mrs. Lane. Market. Stall 29 - 100 Portobello Road - London
Cette maison propose des antiquités diverses, objets d'écriture et taille plume d'oie.

Andy Lambrou
P O Box 826 - Epping, Essex -
Tél. : 00 44 37 882 3869
Ce collectionneur avant l'heure à qui l'on doit *Stylos d'hier et d'aujourd'hui* l'un des premiers livres consacrés aux objets d'écriture, vend à la fois des stylos anciens et des modèles plus récents.
Sous la marque Classic Pens, l'on peut acquérir les créations personnelles d'Andréas Lambrou. Il s'agit d'habillage précieux sur des bases de Sheaffer Targa ou d'Aurora 88 édités en séries limitées à quelques centaines d'exemplaires.

Nellie Lenson & Roy Smith
16 Camden passage - London
De belles antiquités, notamment quelques encriers insolites.

Magna Carta Antiques
Antique Market. - Flood street - London
Antiquités diverses et bouteilles d'encre.

The Pen Museum
1 Panama Drive - Vicarage Lane - Skirlaugh
Musée spécialisé dans les stylos anciens.

Phyllis Gorlick King
175 Portobello Road - London
Spécialisé dans les stylos anciens.

Ronald Kessier & Brian Arthur Smith
139 Portobello Road - London
De très beaux stylos-plumes.

Lindsay Pottinger
173 Portobello Road - London
Objets et instruments d'écriture sont à chiner chez cet antiquaire.

Rogers Gallery
Portobello Road - London W11. -
Tél. : 00 44 171 289 2706
Un lieu magique pour trouver de beaux stylos anciens.

Varney Fine Arts
20 Camden Passage - London W11
Antiquités liées aux objets d'écriture, quelques stylos.

Norman Whitaker
Camden Passage - London W11 -
Tél. : 00 171 459 6928
Norman Whitaker est un spécialiste des plumes et boîtes de plumes. Sa boutique propose aussi divers présentoirs et publicités.

Les ventes aux enchères

Depuis quelques années, avec l'intérêt croissant des collectionneurs pour les objets d'écriture et plus particulièrement les stylos-plumes, des ventes aux enchères à thème se sont développées. On peut y acquérir aussi bien des objets modestes que des pièces prestigieuses. Il convient cependant de consulter les experts qui accompagnent chaque commissaire-priseur lors des ventes. Il est recommandé d'autre part d'examiner les stylos avant la vente pour éviter toute surprise une fois l'achat effectué.

EN FRANCE

Jean-Claude Anaf & Associés
13 bis, place Jules-Ferry - 69456 Lyon Cedex 06 - Tél. : 04 78 65 05 25
L'étude rassemble chaque année de nombreux stylos de collection et quelques accessoires tels que porte-plumes, objets publicitaires, meubles présentoirs pour une vente qui s'effectue dans le cadre du salon Scriptura à Lyon organisé par Jean-Pierre Phillibert (voir rubrique salons).

Chayette & Cheval
33, rue du Faubourg-Montmartre - 75009 Paris - Tél. : 01 47 70 56 26
Chaque année, cette étude organise une vente spécialisée concernant principalement les stylos. Quelques accessoires divers de l'écriture - boîtes de plumes, présentoirs, publicités - font aussi partie de la vente. Un catalogue partiellement illustré est régulièrement édité à cette occasion.

Maître Marc Ferri
53, rue Vivienne - 75002 Paris -
Tél. : 01 42 33 11 24
L'étude parisienne a effectué plusieurs ventes aux enchères consacrées aux stylos. les amateurs passionnés ont pu y découvrir quantité d'objets d'écriture, bouteilles d'encre et boîtes de plume.

EN GRANDE-BRETAGNE

Bonhams
65 Lots Road - London -
Tél. : 00 44 171 393 3950
Dès la fin des années 80, le service collection de Bonhams a lancé des ventes aux enchères de stylos à plume et divers objets d'écriture. Plusieurs fois par an ont lieu des ventes importantes. Abondamment illustrés, les catalogues sont d'une très grande qualité. Ils représentent de véritables sources de documentation pour les amateurs.

Christie's South Kensington
85 Old Brompton - London
La célèbre maison anglaise consacre quelques ventes aux stylos et divers objets d'écriture. Elle aussi édite des catalogues.

Philips West Two
10 salem Road - London
Quelques ventes aux enchères de stylos et machines à écrire.

Les musées

EN FRANCE

Musée international du stylo
5, rue de Chaillot - 75116 Paris -
Tél. : 01 47 20 87 05
Dans cet espace contemporain voisinent les stylos actuels des plus grandes marques et une exceptionnelle collection des modèles anciens, tous sélectionnés et choisis selon les critères les plus exigeants (état, conservation des coloris d'origine...) : les mille plus beaux stylos du monde. Cette remarquable collection est l'œuvre du professeur Bruno Lussato, dont la curiosité et la passion pour les objets d'écriture ont permis cette parfaite synthèse entre objets contemporains et stylos anciens. En hommage au fondateur de la célèbre maison italienne « Omas », le musée a pris le nom d'Armando Simoni (ouvert mercredi, samedi, dimanche seulement et sur rendez-vous).

Le musée du Scribe
42, rue du Clocher - 30380 Saint-Cristol-lès-Alès - Tél. : 04 66 60 88 10

Situé dans une maison du XVIIe siècle, le musée du Scribe présente toute une séries d'objets liés à l'univers de l'écriture. En suivant les explications d'un guide qualifié, on découvre les différents supports de l'écriture - tablettes d'argile, papyrus, papier... Puis au premier niveau du bâtiment, quatre salles dévoilent une importante collection de calames, de plumes d'oie, de plumes métalliques, de porte-plumes et d'encriers. Enfin la reconstitution d'une salle de classe des années 20, nous entraîne avec nostalgie dans un passé peuplé de poêles à bois et d'encriers en faïence blanche.
Espaces d'écriture, boutique-souvenirs, aire de pique-nique pour les scolaires complètent les aménagements de la maison du Scribe.

Musée national de l'Education
39, rue de Lacroix-de-Vaubois - 76130 Mont-Saint-Aignan -
Tél. : 02 35 75 49 70
Jules Ferry avait imaginé un tel lieu dès 1879 ! Le musée de l'Education dépasse le cadre des objets et accessoires de l'écolier. Il a constitué au fil du temps un patrimoine unique et suivi l'évolution de la pédagogie au cours de notre siècle (apparition des premiers films fixes, évolution des manuels scolaires...) La visite de ce lieu satisfera le chercheur le plus exigeant et séduira le visiteur désireux de plonger dans les racines de l'école !

La maison de l'Ecriture
BP 69 - 33230 Coutras -
Tél. : 05 57 49 02 11
Cet espace, dont l'ouverture et les extensions sont prévues pour 1999 et 2000, sera le premier lieu entièrement consacré à l'écriture et à ses outils. Né d'une volonté locale du nord du département de la Gironde - Le pays de Coutras - cet espace situé à vingt minutes de Saint-Emilion et de la gare TGV de Libourne va accueillir des collections d'objets d'écriture anciens et contemporains, des expositions à thèmes « flacons d'encre, écriture et publicité... », une médiathèque spécialisée sur le thème de l'écriture (livres, dossiers, films, archives, presse...) et surtout un parcours extérieur dans un site de deux hectares qui représente un véritable tour du monde des écritures. De la pagode chinoise aux plantations de papyrus sur les bord d'un étang, les visiteurs - adultes comme enfants - vivront en direct les 6 000 ans de l'histoire de l'écriture. De nombreux événements temporaires sont aussi prévus sur le site (stages d'été, visites de scolaires, spectacles, concerts...) Située sur les bords de la forêt de la Double (celle de Jacquou le Croquant !), la maison de l'Ecriture se veut être non seulement un lieu où l'on a plaisir à se rendre en toute saison mais aussi le point de départ de nombreux itinéraires de découverte (histoire, vins, rivières...) qu'offrent la Gironde mais aussi la Dordogne et la Charente toutes proches.

Le musée historique du Papier
63600 Ambert-en-Livradois -
Tél. : 04 73 82 03 11
Le moulin Richard de Bas abrite ce musée, créé en 1943. Ses collections comportent d'innombrables documents historiques, du matériel et des objets qui retracent la longue histoire du papier et son cheminement depuis les confins de la Chine jusqu'en Europe.
C'est un haut lieu de la culture et un « musée du travail » en constante et réelle activité.

Le musée des Papeteries Canson et Montgolfier
BP 139 - 07104 Annonay Cedex -
Tél. : 04 75 69 88 00
Installé dans la maison natale des frères Montgolfier, cet espace se situe au cœur de l'ancienne manufacture royale et reste au sein de l'entreprise actuelle. Dans le seul musée au monde à présenter une machine à papier animée grandeur nature, dix salles font revivre en direct la papeterie, son histoire, ses techniques... Ici, sur les conseils de professionnels qui connaissent parfaitement l'entreprise et son histoire, on peut soi-même fabriquer sa feuille de papier : tout le contraire d'un musée poussiéreux !

Le musée du Papier d'Angoumois
Nersac B.P. 24 - 16470 Saint-Michel -
Tél. : 05 45 91 50 69
Ce musée installé dans le moulin de Fleurac présente les méthodes de fabrication du papier (ouvert tous les jours sauf le mardi).

Le musée du Papier « Le Nil »
134, rue de Bordeaux - 16000 Angoulême - Tél. : 05 45 92 73 43
Le musée du papier est installé dans les anciennes papeteries « le Nil » (célèbre papier à cigarettes). Construites sur la Charente, certaines salles sont traversées par le fleuve et conservent des témoignages industriels : roue à aubes, cuviers à pâte à papier. Les expositions ont comme thématique l'histoire industrielle du papier (XIXe et XXe siècles).

Les musées de l'Ecole
Plusieurs villes, associations ou départements ont recréé des musées de l'Ecole, reconstituant l'ambiance des classes du début du siècle. Les initiatives aujourd'hui nombreuses dans plusieurs pays d'Europe n'ont pas été notées dans ce sommaire.
Musée de la ville de Niort, section conservatoire de l'éducation
Musée de l'Ecole de l'Eure-et-Loir à Chartres
Musée de l'Ecole rurale de Bothoa, Côtes-d'Armor
Musée de l'Ecole rurale de Trégarvan, Finistère
Musée de l'Education des Côtes d'Armor à Saint-Brieuc... mais aussi Aubert, Champlitte, Monceau-les-Mines. Se renseigner auprès des offices de tourisme des régions que vous visitez, il s'y trouve sûrement une école d'autrefois prête à vous faire rêver...

EN GRANDE-BRETAGNE

Birmingham Museum of Science and Industry
Birmingham
La grande ville industrielle où naquit dans les années 1820 la plume métallique conserve dans ce musée - installé dans les anciens établissements Mitchell -, une extraordinaire collection de plumes, boîtes de plumes et machines pour leur fabrication. Présentées sous forme de panneaux, les compositions de milliers de plumes sont d'une rare diversité.

The Cumberland Pencil Co
Pencil Museum - Southey Works, Keswick - Cumbria - Tél. : 00 44 17687 72116
Dans le site historique, qui assura pendant des siècles la domination du graphite anglais -, la société Cumberland Pencil présente la technique d'extraction du minerai et les différentes étapes de la fabrication des crayons.

EN SUISSE

Basler Papermuhle
Musée du papier, de l'écriture et de la typographie
St Alban - Tal 37 - 4052 Bâle

EN BELGIQUE

Musée national du Papier
Maison Cavens - 11, place de Rome - 4960 Malmedy

Les salons

Dans cette liste, on trouve à la fois des salons grand public qui concernent l'ensemble des objets d'écriture et des « Pen Show » plus spécifiquement dédiés aux collectionneurs de stylos anciens et modernes.
Pays fondateur des plus grandes marques, les Etats-Unis organisent régulièrement des manifestations de grande qualité.
Les dates et périodes pouvant être modifiées, se renseigner avant tout déplacement.

EN FRANCE

Salon Écriture
7, rond point des Champs-Elysées - 75008 Paris
Toute l'équipe de la revue Plumes a su démontrer aux Parisiens que la réalisation d'un salon strictement consacré à l'écriture pouvait devenir très rapidement un rendez-vous incontournable. Pari réussi ! Chaque année en novembre, les professionnels du stylo, de l'encre et des papiers précieux sont présents à cette manifestation de qualité dont le renom dépasse désormais les frontières de l'Hexagone. Complétant la partie professionnelle du salon, diverses expositions liées à l'art postal, à la calligraphie, aux autographes et manuscrits s'intègrent parfaitement dans le cadre prestigieux de l'Hôtel Dassault.

Scriptura
Salon international du stylo et de l'écriture - Palais de la Bourse - 69000 Lyon
Un rendez-vous annuel à Lyon où professionnels et grand public se rencontrent. Ce salon contient à la fois un espace de présentation des grandes marques contemporaines, des ateliers destinés aux enfants, un rassemblement de spécialistes en stylos anciens et objets d'écriture Régulièrement accompagné d'une vente aux enchères et d'une bourse d'échanges de collectionneurs, ce salon, organisé par Jean-Pierre Phillibert à la fin mars, est un rendez-vous à ne pas manquer.

SIPPA
Salon international de la papeterie - 62, rue de Miromesnil - 75008 Paris
Depuis quelque temps, ce salon professionnel s'ouvre aussi aux passionnés des outils de l'écriture. Il se tient généralement en début d'année à Paris. Certaines grandes maisons d'objets d'écriture présentent des stylos-plumes, des billes, des rollers... LE SIPPA propose aux revendeurs les fournitures de bureaux et scolaires, bureautique et informatique, carterie et loisirs artistiques.

Fête de l'écriture
Théoule-sur-Mer (Alpes-Maritimes)
Tous les ans en juin, l'espace d'un week-end, de nombreux ateliers de calligraphie sont proposés pour se familiariser aux écritures latine, arabe, hébraïque et chinoise. La fête de l'écriture contient aussi des animations autour de l'enluminure et des expositions d'objets d'écriture (renseignements au 04 92 97 47 77).

EN GRANDE-BRETAGNE

London Pen Show au Royal College of Art
The Battersea Pen Home - PO Box 4361 - London SW11 4XP -
Tél. : 00 44 171 652 4695 - Contact : Simon Gray
Événement d'importance, cette réunion de passionnés, organisée chaque rentrée à l'automne à

Londres, rassemble plus de 60 marchands. Parrainé par de grandes marques, le London Pen Show est généralement suivi d'une vente aux enchères organisée par Bonhams (voir rubrique Ventes aux enchères).

Les Clubs et revues

EN FRANCE

Club des collectionneurs de plumes, Porte-plume-réservoir et objets d'Ecriture
B.P. 16 - 92312 Sèvres
Dès 1979, une poignée de passionnés (dont Lionel Van Cleem, l'auteur de *La Mémoire des Sergent-Major*, Pierre Haury, l'auteur de *Une affaire de stylos*), se sont groupés pour faire partager leur passion et leur connaissance des outils de l'écriture... leur passion fut communicative (plusieurs centaines d'adhérents en France et en Europe). Plumes, boîtes et présentoirs de plumes sont en bonne place dans un bulletin trimestriel. Au fil de la plume, toujours très bien documenté.

Plumes
3, rue Saint-Philippe-du-Roule - 75008 Paris - Tél. : 01 53 76 10 13
Ce superbe magazine « Art de Vivre » de l'écriture et du stylo né en 1993 est consacré à l'écriture sous toutes ses formes : stylos contemporains et de collection, art postal, objets épistolaires, calligraphie, écrivains et artistes... Il présente à la fois de magnifiques objets de collections et toutes les nouveautés dans le domaine de l'écriture. Vitrine des fabrications les plus classiques comme les plus audacieuses, Plumes est le compagnon de tout amateur d'objets d'écriture. En kiosque et sur abonnement. Parution trimestrielle.

EN BELGIQUE

Association Benelux Pen Collectors
Avenue Beau-Séjour 65 - B. 1180 Bruxelles
Le Benelux compte de nombreux passionnés et collectionneurs d'objets d'écriture. Réunis dans cette association, ils mettent en commun leur savoir et leurs découvertes d'objets anciens. Leur publication *La Plume d'oie* est un remarquable bulletin très bien documenté consacré aux stylos, plumes, encriers, bouteilles d'encre, et divers outils de l'écriture (parution trimestrielle). Contacter Marc Van Der Stricht (Tél. : 00 322 374 0876).

EN GRANDE-BRETAGNE

The Writing Equipment Society
Cartledge lane - Homesfield - Derbyshire - Tél. : 00 44 1142 890669
Au pays des plumes métalliques, cette association regroupe des passionnés de l'écriture et de ses outils. Elle organise des réunions régulières. Tout récemment, Le journal de la « Writing Equipement Society » a été nettement amélioré dans sa présentation, ce qui le rend bien plus attrayant (trimestriel).

Quelques expositions

Cent Ans d'objets d'écriture
12, gué de Sénac - 33230 Les Peintures - Tél. : 05 57 49 09 17 - Fax : 05 57 49 38 00
Toutes les grandes familles d'objets d'écriture qui ont peuplé les cent dernières années sont présentées dans cette exposition conçue par Eric Le Collen. De la plume Sergent-Major au Bic Cristal, de l'encrier de voyage au stylo à cartouche en passant par les flacons d'encre, les trousses et les plumiers, plusieurs centaines d'objets de luxe ou du quotidien sont présents dans cette exposition.
Des textes brefs accompagnent les vitrines et des panneaux traitent de l'art et du plaisir d'écrire, de la calligraphie, de la fabrication des encres... (différents modules d'exposition disponibles / contact : Sylvie Mirande).

La calligraphie
Institut du monde arabe - 1, rue des fossés Saint-Bernard - 75326 Paris cedex 05 - Tél. : 01 40 51 39 80
Cette exposition présente de manière analytique et exhaustive toutes les étapes d'élaboration de cet art si caractéristique de la civilisation arabe : préparation des outils du calligraphe (le roseau et l'encre), supports, techniques, différents styles et leurs usages, position de la main...
Dans les pays arabes, la calligraphie reste un art bien vivant qui a su s'adapter aux supports et techniques modernes (contact : Mme Radhia Dziri).

Bibliothèque nationale de France
L'aventure des écritures
Service des expositions - Site François - Mitterrand - Quai François-Mauriac - 75013 Paris
La BNF a entamé en 1997 un cycle d'expositions intitulé « L'aventure des écritures ». Trois expositions temporaires se succéderont jusqu'à l'an 2000. Le cycle 98/99 est consacré aux « matières et formes ». Des supports traditionnels (tablettes de terre) jusqu'aux supports photographiques et numériques, l'exposition explore la diversité des formes et des matières de l'écriture et en retrace les grandes évolutions : de l'argile et du papyrus au parchemin, du parchemin au papier, du papier au numérique.
De plus, découvrir ces expositions permet de s'immerger dans les profondeurs végétales de la nouvelle Bibliothèque nationale de France...

Guide des marques et artisans

Dans le domaine des objets d'écriture, le développement de grandes marques internationales s'est heureusement accompagné d'un maintien de productions artisanales. Les plumes de stylos de qualité font toujours l'objet de multiples contrôles manuels et les beaux papiers artisanaux conservent les méthodes traditionnelles de fabrication. La mondialisation est en route, même si c'est en Europe, au Japon et aux Etats-Unis que la production reste principalement localisée pour le moment.

Arjo Wiggins Appleton
C'est en 1990 que deux grands noms du papier, le français Arjomari-Prioux et l'anglo-américain Wiggins Teape Appleton ont décidé de fusionner créant ainsi le groupe Arjo Wiggins Appleton. Les chiffres vertigineux qu'engendre la constitution d'un tel groupe international (1,8 million de tonnes de papier par an, 42 unités de production réparties dans 10 pays) ne doivent pas faire oublier que des papeteries comme Arches : Johannot, papeteries du Marais conservent des principes traditionnels de fabrication et restent de véritables artisans (beaux papiers vélins 100 % chiffon). De plus, ces entreprises se sont posées le délicat problème de la conservation des écrits. Elles fabriquent des vélins garantis non acides. Le filigrane (infini) distingue ces papiers. Rives, autre société du groupe, s'est, elle, spécialisée dans les papiers de couleurs que certains d'entre nous utilisent pour la correspondance.

Aurora
Aurora fut créée à Turin en 1919. Les années trente virent l'apparition de stylos qui ont marqué l'histoire (Astérope, Etiopia). Comme pour Montblanc, la guerre fut fatale à l'usine Aurora : machines et archives furent complètement détruites mais, dès 1947, la fabrication reprit dans une nouvelle usine située à l'extérieur de Turin. Après la guerre, le succès du 88, les audaces du design que furent le Hastil exposé au musée d'Art moderne de New York ou le stylo-bille Thési (qui reste, depuis de nombreuses années, une référence dans le domaine du design) sont des jalons importants de l'histoire de la marque italienne. En plus des diverses versions de l'Aurora 88, l'entreprise fabrique aujourd'hui des stylos-billes, rollers et portemines, des séries limitées, ainsi que des pièces or ou argent massif produites à quelques centaines d'exemplaires seulement.

Bic
La société reste fidèle à sa vocation d'offrir au consommateur des produits de haute qualité à un prix raisonnable. Bic est la troisième marque française la plus connue dans le monde.
Depuis 1953, la société Bic fabrique le Bic Cristal. Depuis, d'autres modèles sont venus et viennent encore enrichir une gamme complète d'instruments d'écriture tels que les stylos à bille classiques ou fantaisie, les feutres à bille... Bic a repris en 1979 la marque Conté (crayons graphite de couleurs, portemines, feutres...), et, en 1997, Sheaffer (écriture haut de gamme).
Aujourd'hui, Bic fabrique chaque jour dans le monde vingt millions d'articles d'écriture.

Brause
Cette marque sécialisée dans la calligraphie crée aussi des plumes d'écriture ; plume convenant à l'écriture cursive ou scripte, plume pour l'anglaise, plume pour gaucher et, mieux, plume de portée.

Caran d'Ache
Cette société, souvent à la pointe de l'innovation, est aujourd'hui l'un des leaders mondiaux dans les domaines des instruments d'écriture et des outils pour le dessin et la peinture artistique. Elle a fait œuvre de pionnier en 1929 en créant le Fixpencil, premier crayon métallique à pince. Depuis 1953, l'Ecridor, stylo de forme hexagonal, est fabriquée en série et est

encore aujourd'hui l'un des produits leader de la société. D'autres collections ont été lancées depuis ainsi que des éditions limitées dont le prestigieux Diamants, l'un des stylos les plus précieux au monde puisque recouvert de milliers de diamants ! (voir p. 134 et 139)

Cartier
Cartier, connu internationalement pour ses activités de joaillerie et d'horlogerie, s'est très tôt intéressé à la création d'accessoires, et en particulier aux objets d'écriture. Témoin de ce souci d'excellence, la collection « Art de Cartier », constituée grâce à des rachats à des particuliers ou lors de ventes publiques, rassemble des pièces illustrant cent cinquante ans de création d'objets d'exception.
Dans les années 70, le lancement d'une gamme de stylos vient renforcer le succès du briquet Cartier. A la ligne Must, très identifiable grâce à sa bague trois anneaux, vient s'ajouter la collection Louis Cartier : d'une qualité d'écriture exceptionnelle, ce stylo devient rapidement un objet de référence sur le marché, destiné aux amoureux de l'écriture.
A ces lignes majeures s'ajoutent des séries limitées, réalisées à l'occasion d'événements exceptionnels, tels que la célébration du cent cinquantenaire de Cartier : stylo en or massif, mini-stylo de sac, stylo avec montre... (voir pages 134-135).

Conté
Depuis janvier 1795, le procédé de fabrication des crayons Conté reste encore aujourd'hui le seul utilisé. L'actuelle société Conté a été présente à toutes les étapes de l'histoire de l'écriture en lançant, entre autres, la plume Sergent-Major en 1881, les portemines Critérium en 1939 et De Conté en 1988. En 1993, les recherches de Conté ont abouti à l'invention d'un crayon sans bois, le crayon Conté Évolution.

A. T. Cross
A. T. Cross prend ses racines en Nouvelle-Angleterre en 1846 lorsque Alonzo Towsend Cross fonde sa société à Lincoln (Rhode Island). Il se spécialise alors dans la fabrication d'étuis à crayons (en or et argent ciselés) d'une rare élégance. Puis il invente en 1870 la plume stylographe qui, par certains aspects, préfigure le stylo-bille. De nombreuses séries de stylos se sont succédé depuis chez Cross (dont en 1946 la gamme Century qui est devenue le symbole des instruments à écrire Cross).
Avec le Towsend et ses différents habillages, Cross a récemment conforté son style Art déco (avec corps et capuchon de stylos à embout conique). D'autre part, Cross est une des premières sociétés à s'être intéressées aux techniques manuelles d'écriture informatique, fabrique des stylos à pointe polymère pour écrire sur les nouveaux pads numériques.
Représentés dans 140 pays, les stylos Cross sont fabriqués aux Etats-Unis à Lincoln (Rhode Island) et à Ballinasloe en Irlande.

Alfred Dunhill
Ce sont plus de cent années d'excellence qui ont fait ce qu'Alfred Dunhill est aujourd'hui. Avec plus de 150 boutiques à travers le monde, Alfred Dunhill est devenu la première société de produits de luxe pour homme de notoriété internationale. Son succès, fut fondé sur l'obsession de son créateur pour l'artisanat ; selon sa devise « cela doit être utile, cela doit être beau, cela doit être fiable, cela doit être le meilleur de son genre », une philosophie qui demeure encore vraie aujourd'hui.
Dès les années 30 Alfred Dunhill fut le premier à importer en Europe les prestigieux Namiki. Grâce à des objets étonnants et rares (stylo-montre, stylo-fume-cigarette, stylo-calendrier...), le flirt entre Dunhill et l'écriture se transforma en une grande histoire d'amour. Une relation qui dure encore aujourd'hui. L'AD 2000 illustre la créativité de Dunhill. Par son design avant-gardiste, ses matériaux insolites (la fibre de carbone) et sa technologie (clip rétractable), il est un des outils emblématiques du prochain millénaire.

S. T. Dupont
En 1872, Simon Tissot-Dupont crée à Paris une fabrique d'objets en cuir de haute qualité - porte-documents, sous-mains - destinés aux hommes d'affaires.
Puis ses fils déplacent les ateliers à Faverges en Haute Savoie, et inventent, en 1939, (pour compléter une malette de voyage fabriquée pour le Maharajah de Patiala), le célèbre briquet Dupont. Après la Seconde Guerre mondiale, S. T. Dupont se concentre sur la production en série de briquets, qui connaissent un immense succès. Mais, en 1973, soucieux de diversifier sa production d'accessoires de luxe, S. T. Dupont lance un instrument à écrire de luxe élégant et raffiné. Le stylo Dupont était né ! Il participa dans les années soixante-dix au développement des ventes de stylos de luxe.
Aujourd'hui, les stylos S. T. Dupont, fabriqués à Faverges en Haute-Savoie et vendus dans le monde entier, se distinguent toujours par leurs finitions exceptionnelles, en métal précieux guilloché et en laque de Chine. Dans les grands salons internationaux, il n'est pas rare de retrouver un maître-laqueur de Dupont présentant au public la patience et la précision liées à son art.

Faber-Castell
Les créations de cette firme jalonnent l'une des plus longues périodes d'activité dans le domaine de l'écriture. Elle a produit l'une des plus belles séries d'objets d'écriture jamais imaginées qui révèle un subtil mélange de patrimoine fort et d'audace contemporaine. Ses objets les plus prestigieux sont en ébène et en argent. Stylos, crayons, gommes et taille-crayons au design rigoureux entrent dans des plumiers en bois précieux habillé d'argent. des plumiers pour le bureau de l'homme d'affaires plutôt que pour l'écolier. La perfection dans l'adaptation de la forme à la fonction. Un art d'écrire au comble du raffinement.

Fabergé
Dans le style des célèbres œufs Fabergé, la Renaissance Pen Company à Saint-Louis dans le Missouri fabrique des séries très limitées de stylo Fabergé de grand luxe. Michel Perchin réalise des séries limitées à quelques exemplaires — dix pour le Gothic. Diamants et rubis recouvrent les corps de ces pièces d'orfèvrerie assemblées à la main.

Gillette Ecriture
Ce groupe mondial est constitué de 4 grandes marques : Parker, Paper Mate et Waterman (se reporter aux marques ci-dessous).

GPV
Depuis plus d'un siècle, GPV abrite le secret de nos courriers et de nos écrits. En effet, GPV fabrique du papier à lettre et principalement des enveloppes dont les traditionnelles Saint-Louis en papier vergé, papier vélin et papier toilé (papier à letttres et enveloppes assorties, blanc et couleurs). GPV fabrique cinquante millions d'enveloppes par jour et lance chaque année une collection nouvelle de papeterie fantaisie.

Herbin Sueur
Depuis trois siècles Herbin, tout en maîtrisant les différentes applications industrielles des encres et des cires, reste fidèle à l'écriture manuscrite. Parfois classiques, les encres Herbin prennent aussi des couleurs insolites (or, argent, nacrées...). Les accessoires de l'écriture ne sont pas oubliés : plumes en acier, porte-plumes, coffrets d'écriture comprenant calames et papyrus, plumes d'oie et encriers. Pour les amateurs d'écriture douce et agréable, Herbin propose des plumes en verre, et pour rappeler le temps de la plume d'oie, la marque a même relancé la fabrication de poudre de sandaraque qu'on répand sur la page pour apprêter le parchemin et sécher l'encre !

Jorg Hysek
Après plusieurs années au service design de Rolex, Jorg Hysek a fondé sa propre agence de création. Il est aujourd'hui l'un des plus célèbres designers horlogers mais son entrée dans le domaine du stylo a été très remarquée. On lui doit le Dunhill AD 2000 mais aussi la ligne d'objets d'écriture qu'il a créée sous son nom. Les stylos, porte-plumes et rollers sont d'une grande pureté esthétique : ils ne s'embarrassent même plus du clip (que l'on retrouve sur l'étui du stylo). Le style Hysek se caractérise par une modernité épurée, alliée à une véritable sophistication technique. Cent ans après Waterman et son porte-plume-réservoir en ébonite noire, on redécouvre avec Hysek la pureté primitive des objets d'écriture originels (voir page 137).

Lalo
De nombreuses gammes de papiers filigranés et d'enveloppes assorties illustrent aujourd'hui la tradition Lalo. Les papiers vélin sont pour certains 100 % coton et le vergé dispose d'une large gamme de couleurs. Toujours sur vergé, Lalo pratique le gaufrage qui crée un décor au papier par son seul relief. Il est à noter que Lalo assure l'importation des produits de la maison allemande Brause, spécialisée depuis bien longtemps dans la fabrication de plumes et de porte-plumes de qualité.

Lamy
Lamy produit des stylos différents par leurs formes, leurs fonctions et par l'utilisation des matériaux révélant le savoir-faire de l'entreprise (porcelaine, bois...). Créativité, esthétique caractérisent la marque. Les « Lamy » sont des objets d'écriture à forte personnalité et se reconnaissent par leur inégalable design. Ces audaces sont le plus souvent couronnées de succès et nombreux sont les modèles qui traversent le temps sans prendre une ride. Du Persona au 2000, de l'ABC au Spirit, la liste des succès de Lamy ne cesse de s'allonger.

Lana/Groupe Aussedat Rey
Depuis plus de quatre siècles, les papeteries de Lana, situées dans les Vosges, perpétuent une tradition issue de la fabrication de papiers faits à la main. Elles ont conservé un savoir-faire authentique dans la fabrication de papier d'art de très grande qualité. Ces papiers sont entièrement constitués de fibres textiles (coton, lin...) et résistent parfaitement à l'usure du temps. Leur authenticité, leur origine sont toujours garanties par la présence d'un filigrane symbolisant l'histoire de la papeterie : croix de Lorraine, tête de bélier, couronne... Aussedat Rey fabrique aussi de beaux papiers d'écriture filigranés dont le Manager, idéal pour la plume de stylo !

Jean-Pierre Lépine
Les ateliers de Jean-Pierre Lépine,

situés dans le Jura, datent du début du siècle. Son arrière-grand-père y fabriquait des petits articles en os, en ivoire ou en bois tournés. Depuis 1981, on y fabrique des stylos, en acétate, ébonite, plexiglas, résine, laiton, racine de bruyère, argent, bois, aluminium… Toutes les pièces sont usinées et réalisées de manière totalement artisanale, aucune n'est injectée.
75 % de la production est exportée - principalement vers l'Europe, les États-Unis et Hong Kong. Jean-Pierre Lépine résume ainsi sa philosophie : « être différent, avant-gardiste et romantique. Je ne vais pas chercher mes idées dans le passé mais dans mon imagination ! » De l'imagination et de la fantaisie, Jean Pierre Lépine en a. Il suffit pour s'en convaincre d'observer son étonnant stylo Graphiscaph, un vrai scaphandre immergé dans un coffret-hublot avec décor plage : fou ! (voir pages 120, 121, 133).
Son adresse : 24, Lacuzon - 39170 Saint-Lupicin.

Jacques Le Roux
Cet artiste, qui se définit comme "peintre écriturien", se passionne pour toutes les formes d'écriture et de calligraphie. Dans sa maison de la Bresse, il se fait le complice épistolaire de nombreux héros de cinéma, prêtant sa plume à Gérard Depardieu dans le rôle de Cyrano ou Juliette Binoche dans celui de George Sand (voir page 16). Son adresse : En Geffe - 01190 Chavannes-sur-Reyssouze.

François-Yves Luthier
Installé depuis 1991 dans les monts Jurassiens, François-Yves Luthier s'est spécialisé dans la fabrication d'objets d'écriture « haut de gamme » : création et fabrication de stylos-plumes liés à des artistes de renoms tels que Modigliani ou Jean Cocteau… Il conçoit aussi des conduits en ébonite (la matière qui permit la fabrication des premiers stylos-plumes au XIXe siècle).

Mitsubishi Pencil (Uni Mitsubishi Pencil)
Uni Mitsubishi Pencil est l'un des tout premiers fabricants mondiaux d'écriture. La marque s'affirme comme l'un des leaders pour les rollers, marqueurs et surligneurs, avec une maîtrise absolue des encres à pigmentation et des encres en gel (l'encre à pigmentation et système à double bille est inaltérable et indélébile. De ce fait elle est idéale pour les documents officiels, les chèques et les archivages…).

Montblanc
La première marque utilisée, au début du siècle, par une petite firme de Hambourg s'intitulait Rouge et Noir. Car les fondateurs de cette manufacture de stylos d'exception, industriels passionnés de technologies nouvelles et mécènes inspirées par les œuvres de maîtrise, tradition de la cité hanséatique, entendaient s'adresser à un public cultivé : la référence à la littérature française leur semblaient être la clé.
Dès l'origine de Montblanc, l'art d'écrire, devenu dans le monde l'inséparable sous-titre d'une marque désormais légendaire, constituait une philosophie où l'on doit lire que l'écriture et l'écrit sont indissociables. Et lorsque, bientôt, le nom Montblanc fut définitivement choisi, la volonté que cette rencontre eût lieu au sommet était expressément affirmée, comme en témoigne toujours le rituel 4810 gravé sur chaque plume en or et platine.
Peu à peu, discrètement de manière comme initiatique, le célèbre Meisterstuck - littéralement « chef-d'œuvre » - va partout devenir le stylo des écrivains. Son nom rapelle aussi qu'il naît sous l'œil et la main d'artisans reçus « maîtres », afin de servir à des écrits majeurs.

Montegrappa
Installée en Italie depuis 1912, la firme Montegrappa fabrique des séries limitées de stylos précieux. Certains aux lignes pures et classiques utilisent comme dans les années trente, le Celluloïd, matière dont les marbrés font toujours rêver. D'autres méritent le nom de « stylos-sculptures » tant leur ornementation est opulente. Recouvrant le stylo en ébonite noire (autre matière traditionnelle), une sculpture en relief en or ciselé révèle un dragon, Aphrodite ou bien encore une sirène en or ou en argent qui s'enroule autour du corps du stylo. Tant de volupté ne peut qu'inviter à l'écriture.

Namiki
Il y a 1500 ans, les Japonais découvraient le secret de la laque naturelle. Aujourd'hui Namiki, le créateur du stylo en laque, perpétue cette technique en faisant de chaque stylo, entièrement réalisé à la main, une œuvre d'art unique, (voir également Dunhill).

Hervé Obligi
Hervé Obligi est aujourd'hui le seul à oser travailler les pierres précieuses ou semi-précieuses pour réaliser des outils d'écriture : quelle que soit la marque de votre stylo fétiche, il l'habillera de la pierre de votre choix (sa dernière création est composée de lapis-lazuli, de rubis et d'agate...). Ces créations originales lui sont inspirées par tout ce qui l'entoure : l'actualité (stylo « fou de foot »), l'environnement (stylo « abeille ») ou ses voyages (stylo-pinceau « jade ») etc.
Si aujourd'hui le nom d'Hervé Obligi résonne dans le monde de l'écriture, il y occupe néanmoins une place marginale qu'il entend bien d'ailleurs conserver : à mi-chemin entre l'artiste et l'artisan, il avoue volontiers qu'il préfère créer plutôt que produire et qu'il n'a de cesse que d'inventer pour mieux nous faire rêver. Comme toute production d'artiste, ces stylos ne sont jamais édités à plus de 8 exemplaires qui se déclinent comme autant de pièces uniques tant la pierre demeure singulière.

Omas
La famille d'Armando Simoni, fondateur d'Omas, représente depuis des années le « style italien » dans le domaine des instruments d'écriture. De génération en génération, la famille a conservé le don de créer des collections très personnelles. Omas réalise de nombreuses séries limitées mais les Celluloïd, grands classiques de la marque depuis plus d'un demi-siècle, gardent tout leur attrait et leur séduction. Ces Omas Celluloïd disposent de couleurs superbes (dont un brun exceptionnel !). Ce sont des stylos légers, ce qui les rend très agréables à tenir en main. Ils partagent leur succès avec des modèles en bois précieux et un incroyable objet beaucoup plus contemporain : le 360, un stylo à trois facettes qui remporte un beau succès. Agréable à tenir en main malgré sa grande taille, ce stylo naturellement ergonomique est très séduisant. A essayer…

Omyacolor
Fabricant français de matériels didac-

Les objets d'écriture en quelques dates

vers 20 000 av. J.-C. : l'homme "écrit" avec ses mains. Premières peintures rupestres (grottes de Lascaux et d'Altamira).

vers 3000 av. J.-C. : Utilisation de l'argile comme support et du clou taillé pour l'écriture. Les Sumériens développent l'écriture cunéiforme en Mésopotamie. Les Egyptiens écrivent au calame sur le papyrus. Ils créent aussi l'écriture hiéroglyphique.

vers 2 000 av. J.-C. : les Chinois mettent au point l'encre à base de noir de fumée et de suc végétal. Pour écrire, ils utilisent le pinceau.

vers 800 av. J.-C. : les Grecs développent l'utilisation du style en métal et des tablettes de cire.

vers 105 av. J.-C. : apparition officielle du papier en Chine.

200 ap. J.-C. : apparition des premiers parchemins en Europe.

600 ap. J.-C. : premières utilisations de plumes d'oiseaux pour l'écriture. En Occident, elles remplacent peu à peu le calame.

750 ap. J.-C. : début de l'utilisation du papier dans le monde islamique.

vers 800 ap. J.-C. : généralisation de l'utilisation de la plume d'oie en Occident.

vers 1100 : en Occident, la plume d'oie remplace définitivement le roseau et le calame.

1276 : création du premier moulin à papier du monde occidental à Fabriano en Italie.

à partir de 1400 : généralisation de l'utilisation du papier en Europe.

1760 : Paillasson publie son "Art d'écrire". Méthode de tenue de la plume dans l'Encyclopédie de Diderot et d'Alembert.

1795 : mise au point du "crayon moderne". Sa mine est issue de la cuisson du graphite et de l'argile. Le principe sera mis au point par le chimiste français Nicolas Conté.

1830 : apparition des premières industries de fabrication de plumes métalliques à Birmingham.

1845 : mise au point de la première machine à écrire aux Etats-Unis par Thurber.

1860 : apparition puis généralisation du bois dans la fabrication du papier.

1883 : invention du conduit capillaire par L.E. Waterman : le premier des stylos modernes est né. Premier brevet américain concernant une bille : le brevet Loud.

1938 : Ladislas Biro met au point le stylo à bille.

1945 : lancement du Reynolds à bille aux Etats-Unis.

1952 : lancement du stylo-bille Bic cristal.

1963 : apparition des premiers stylos à pointe feutre.

1981: apparition des rollers (stylos à bille fonctionnant à l'encre liquide).

1992 : lancement des rollers à encre en gel.

aujourd'hui : présence de l'informatique dans tous les domaines de l'écriture.

tiques et de loisirs créatifs à destination des enfants et des adultes, Omyacolor (présent dans quatre-vingts pays) est leader mondial dans les domaines de la fabrication et de la commercialisation de véritables craies de Champagne pour l'écriture et le dessin. Ses autres activités s'organisent autour des crayons de couleur, feutres, modelage, colles, vernis, ainsi que diverses fournitures scolaires.

Paper Mate
La marque américaine est spécialisée dans un domaine d'outils simples et abordables pour les écoliers et le bureau. En 1979 naquit le premier bille effaçable qui ravit les amateurs de mots-croisés. Encore aujourd'hui, grâce à son encre à base de latex, le Replay permet d'écrire et de corriger. Pendant 24 heures après écriture, son encre peut être effacée avec la gomme spéciale située à l'extrémité du stylo. Auprès de Parker et Waterman, Paper Mate conforte la puissance mondiale de Gillette écriture.

Papeteries de Clairefontaine
En 1512, un moine, de l'ordre des Prémontés installe à Etival dans les Vosges la première « papellerie ». Trois siècles plus tard, une papeterie moderne est construite sur les bords de la Meurthe. A partir de cette date, les papeteries de Clairefontaine ne vont cesser de se développer et de se moderniser. Dès la fin du XIXe siècle, on y fabrique des cahiers et des enveloppes.
En 1951, Clairefontaine présente son fameux cahier. Déjà, il se distingue de la concurrence par sa couverture vernie, par la grande qualité de son papier et par l'impression violette de sa réglure.
Aujourd'hui, Clairefontaine, propose plusieurs centaines de modèles destinés à l'école et au bureau. Ecrire sur un tel papier extra-blanc et très résistant, réputé pour son extrême douceur, est un réel plaisir. Nombreux sont les écoliers et passionnés de tous âges qui ne jurent que par les cahiers Clairefontaine... à spirales !

Parker
Depuis plus d'un siècle le monde de l'écriture a vécu au rythme des découvertes et inventions esthétiques et techniques de Parker. Lorsque la société fêta son centenaire (en 1988), elle profita de cet anniversaire pour rééditer le Duofold qui reste le fleuron de la marque avec le Parker 51 qui s'est vendu à plus de cinquante millions d'exemplaires dans le monde à partir de 1941 ! Si l'on peut parfois s'interroger sur la qualité de certaines copies d'anciens, le Duofold réédité est un excellent stylo, un grand classique qui ne déçoit pas (d'autant plus que la diversité des plumes disponibles lui assure une réelle adaptation à chaque main) (voir pages 117 et 124).

Pélikan
Depuis les années trente, les stylos Pélikan conservent une grande réputation de qualité, voire de prestige. Le Toledo ciselé à la main, le Souverain au corps strié, chaque Pélikan est immédiatement identifiable par son agrafe en forme de bec d'oiseau. Aujourd'hui, on identifie aussi Pélikan par une série de stylos pour les enfants dont le Pélikano (ergonomique pour les juniors) et surtout par un objet intrigant : le Level 5. Il s'agit en fait d'un stylo (à plume acier ou or) de grande contenance qui se fixe sur un bloc recharge. L'ensemble est très esthétique et fonctionne bien (à condition de bien choisir sa plume parmi les cinq degrés disponibles) (voir page 136).

Pentel/Europentel
Maison japonaise implantée dans le monde entier, l'apparition de Pentel en France date de 1963 avec l'arrivée du Sign Pen, le premier feutre d'écriture. Auprès de celui-ci, le feutre à bille Ball Pentel est l'autre « produit-star » de Pentel mais la gamme s'est étendue à des stylos-billes, des feutres et même des stylos à plume plastique qui permettent les pleins et les déliés. Europentel s'est fait une spécialité des rollers à encre en gel dont certains, les Hybrid rollers, permettent d'écrire en lettres d'or ou d'argent sur de nombreux supports !

Pilot
La créativité et la puissance d'innovation de Pilot lui ont permis de se positionner au premier rang de la technologie de l'écriture tant pour ses instruments d'écriture jetables à encre liquide et à encre en gel que pour ses stylos-plumes traditionnels, les célèbres Namiki. qui font rêver plus d'un collectionneur ! (voir ci-dessus à Namiki).

Récife
Récife est l'une des plus jeunes marques arrivées dans l'univers du stylo.
Depuis plus de dix ans consacrés au développement de leurs modèles, les créateurs de Récife testent sans cesse de nouveaux matériaux, de nouvelles formes, des mélanges de couleurs spectaculaires. Ils osent des séries limitées dont celle qui est dédiée à Andy Warhol. Chez Récife, certains stylos disposent de corps transparents et dévoilent leur encre. Pour les remplir, Recife a créé des « ampoules » d'encre en verre.

Reform
Ce stylo discret et peu onéreux est une exception dans le domaine de l'écriture. Fabriqué en Allemagne, il dispose de caractéristiques étonnantes, à savoir une grande qualité de fabrication, une présentation elle aussi très soignée, une très grande variété de plumes calligraphiques, d'écriture ou de dessin... et surtout d'un rapport qualité-prix sans concurrence - aux alentours de cent francs ! Panoplie indispensable : plumes obliques 0.9, 1.1, 1.5.

Reynolds
Reynolds est devenu français après la Seconde Guerre mondiale. Dans les années soixante (qui verront l'arrivée des entreprises japonaises avec la création du feutre d'écriture), Reynolds lança le premier stylo français à pointe fibro-synthétique. Aujourd'hui Reynolds a suivi l'évolution et ses fabrications de rollers, feutres, stylos-plumes...) procurent une écriture très agréable (une mention particulièrepour le roller « inkpoint » à encre liquide !)

Rotring
Rotring qui fête son 70ème anniversaire en 1998, est représenté dans 32 pays dans le monde. Leader incontesté des instruments de dessin, Rotring s'est orienté depuis dix ans vers les stylos haute et moyenne gamme et vers les produits de bureau avec le souci constant d'un design fonctionnel innovant et toujours performant. On pense à l'Art-Pen, le porte-plume d'écriture, dont les séries limitées nous accompagneront jusqu'à l'an 2000, mais avec ses Trio et Quattro Pen, Rotring a véritablement créé un nouvel esprit de stylos multifonctions, rassurants par leur aspect et leur précision technologique et surtout très agréables à utiliser. Rotring foisonne d'idées : les petits portemines ou rollers télescopiques à emporter partout, les nouveaux Art-Pen aux couleurs vives...

Patrice Sébilo
Dans ce bois fossile qu'on appelle le morta, Patrice Sébilo, installé en Brière, crée des stylos. Il a étendu sa production à d'autres bois précieux : le Pao rose, l'amarante, etc. Assemblages parfaits pour stylos en tirage limité (voir page 133). Son adresse : 16, avenue de la Monneraye - 44410 Herbignac.

Sensa
Fabriqué par la firme Willat, le Sensa s'affirme comme « le stylo-bille le plus confortable du monde ». Il dispose en effet d'une zone de préhension d'une étonnante souplesse qui se modèle à chaque main. Le design est original et séduisant. On s'habitue vite à cet outil qui ne ressemble à aucun autre et existe dans une large gamme de couleurs. On peut le trouver dans de nombreuses boutiques, dont celle du musée d'Art moderne de New York.

Schwan Stabilo
Schawn créa en 1961 l'une des premières encres noires pour stylo-bille et dix ans plus tard l'encre fluorescente. Le célèbre Stabilo Boss a, depuis cette date, rejoint les trousses et les bureaux du monde entier. Parallèlement à cette véritable star mondiale qu'est le Stabilo (aujourd'hui rechargeable pour éviter le gaspillage et protéger l'environnement), Schwan fabrique aussi bien des rollers, des stylos-billes, des feutres que des des crayons à papier et des crayons de couleur.

Sheaffer
En 1928, cette firme bouleverse les concepts du stylo. En effet, jusqu'alors, les stylos-plumes présentaient une partie supérieure pesante, responsable d'un déséquilibre qui occasionnait une fatigue de la main. La firme, en déplaçant le poids vers la plume, réussit à équilibrer le stylo. Le stylo baptisé Balance Lifetime attira l'attention tant pour son équilibre que pour les progrès qu'il apportait au confort d'écriture. Le Balance est à nouveau fabriqué aujourd'hui en de nombreuses finitions (les coloris marbrés sont superbes). Le nouveau Balance est un bel objet tout comme le Nostalgia au style Art déco accompagné de ses accessoires en argent massif (coupe-papier, tampon buvard et encrier en cristal).

Stipula
Au prix de longues recherches, et grâce à l'utilisation de matériaux tels que l'acétate de cellulose, le nitrate de cellulose, l'ébonite et certaines résines acryliques, les stylos Stipula disposent d'un haut niveau de finition qui rappelle parfois les beaux Celluloïd des années trente. Une marque à découvrir.

Stypen
Cela fait 20 ans que Stypen innove. Suivre les grandes tendances, utiliser de nouveaux matériaux, innover sur le plan technique permet à Stypen d'offrir aux amateurs d'objets d'écriture toujours plus curieux de nouveautés, une large gamme d'instruments performants, à des prix très étudiés qui ne dépassent pas 200 francs. Un des derniers-nés, le stylo à plume rentrante, Stypen Up, a remporté dès sa sortie un grand succès... et non seulement auprès des écoliers à qui il était destiné... Stylo malin au design contemporain, grâce à une plume acier bien étudiée, le Stypen Up écrit bien. Il semble d'ailleurs que l'ensemble de la production bénéficie de ce savoir-faire concernant la fabrication des plumes. Toutes sont très agréables pour écrire.

Tombow
Fabricant d'outils d'écriture et de fournitures de bureau depuis 1919 ;

Tombow apporte un grand soin à leur conception technique et à leur ergonomie. Un instrument d'écriture Tombow doit garantir une excellente prise en main, avoir un fonctionnement parfait, avoir un design élaboré et fonctionnel, exclure tous matériaux superflus pour sa fabrication et en ce sens respecter l'environnement. Les stylos-plumes, rollers et portemines sont non seulement superbes mais aussi très agréables à utiliser. Leur fantaisie ne peut être que bienvenue dans le monde de l'écriture.

Wahl Eversharp
Après une longue carrière, jalonnée de grandes dates et de prestigieux instruments d'écriture, Wahl Eversharp eut des réelles difficultés à aborder les années qui suivirent la guerre et l'apparition des premiers stylos à bille. La marque s'éteignit en 1961. Pourtant, depuis 1995, un Français a redonné vie à la célèbre maison américaine. Le Skyline, dessiné par Henry Dreyfus, revient en force sur le marché des rééditions de stylos historiques. Vêtu de jaune couleur taxi « yellow cab », ou en version démonstrator - au corps transparent - il confirme que certains objets d'écriture peuvent traverser le temps sans prendre une ride.

Waterman
Depuis plus d'un siècle, Waterman écrit les plus belles pages de l'histoire du stylo moderne. Héritier d'un long savoir-faire et d'une démarche créative toujours plus affirmée, chaque nouveau modèle devient vite une référence, un véritable standard de l'écriture. Depuis le début des années quatre-vingts, le Man 100 classique, élégant, simple, reste une référence (plus de quinze ans après sa naissance, le mien écrit toujours parfaitement). Plus récemment, le Carène - symbole d'une écriture qui glisse sur la page - a largement contribué à l'évolution de l'esprit de la marque.

Yard-O-Led
La société Yard-O-Led fut fondée en 1934 lorsque L. F. Brenner déposa un brevet concernant le mécanisme qu'il venait d'inventer permettant à chaque portemine de contenir douze mines de 7,5 cm (3 pouces) de longueur - soit un yard au total - d'où l'origine du nom Yard-O-Led. Le procédé reste totalement unique à ce jour. De nos jours, le petit effectif qualifié de la société fabrique encore à la main des instruments d'écriture en or et en argent selon les normes d'excellence établies au XIXe siècle.
Pure expression du prestigieux artisanat britannique, les stylos Yard-O-Led sont de véritables chefs-d'œuvre tant sur le plan de la qualité que sur celui de l'esthétique de la ligne. Elégants et raffinés, les corps sont réalisés en argent massif ciselés à la main.

Glossaire

A

Acide tanique : il s'agit de tanin qui entre dans la composition des encres ferro-galliques (voir noix de galle)

Agrafe : (on dit aussi clip) Se dit de la barette située sur le capuchon du stylo qui lui permet d'être fixé verticalement (à l'intérieur d'une poche de veste par exemple).C'est souvent un signe d'identification de la marque — la flèche Parker, le bec de Pélikan...

Anglaise : souvent dénigrée en Angleterre, cette écriture délicate et élégante calligraphiée à la plume d'oiseau et dont l'âge d'or se situe au XVIIIe siècle, est encore aujourd'hui très populaire grâce à ses qualités décoratives.

Aniline : liquide huileux qui fut à la base de colorants d'encres nouvelles au XIXe siècle.

Ardoisières de Trélazé : petite ville du Maine-et-Loire à proximité d'Angers, Trélazé fut le plus important site d'extraction d'ardoise en France.

B

Baradelle : encrier hermétique destiné à conserver l'encre dans de meilleures conditions. Inventé par l'ingénieur Baradelle en 1735, l'encrier prit le nom de son créateur.

Bâtarde : d'origine italienne, cette calligraphie apparue au XVIIe siècle contient à la fois des majuscules et des minuscules.

Bille : apparu dès la fin du XIXe siècle, le principe de la bille fut amélioré par le hongrois Laslo Biro à la fin des années trente. A la différence de la plume, la bille roule sur elle-même, libérant au passage un film d'encre sur la page. Le stylo-bille utilise une encre huileuse, grasse et épaisse.

C

Calame : outil d'écriture taillé dans le roseau ou dans le bois. Utilisé à partir de 2900 av. J.-C. De par la diversité des traces obtenues sur les tablettes d'argile, on peut supposer qu'il exista plusieurs façons de tailler les calames.

Canivet : sorte de petit canif à tranchant droit pour tailler les plumes d'oie.

Cartouche : se dit de stylos-plume (et depuis peu des rollers) disposant d'un réservoir amovible en plastique qu'il suffit de changer lorsqu'il est vide. Malgré des essais de mise en cohérence des calibres, certains stylos ne peuvent recevoir que des cartouches de leur marque pour fonctionner correctement (Parker, Lamy...)

Celluloïd : matière végétale produite par la gélification du camphre et du nitrate de cellulose. Selon le marques de stylos-plumes, elle fut aussi appelée radite, pyralin, permanite ou celluloïd "Bayer".

Cinabre : sulfure naturel de mercure avec lequel on obtient les colorants nécessaires à la fabrication d'encres rouges.

Cornette : autre terme pour désigner un encrier (souvent à base de corne animale) présenté sur un support pour contenir l'encre.

Crayon (ou crayon artificiel) : se dit de l'outil d'écriture en bois contenant une mine à base de graphite et d'argile cuits à haute température. Parmi les avantages de cet outil (qui laisse une trace qui va du gris clair au noir intense), citons sa légèreté et sa capacité d'être effacé facilement. On doit le procédé au français Nicolas Conté.

Cumberland : comté du Nord-Ouest de l'Angleterre où se situent les mines de Borrowdale. On y extrayait le graphite ou plombalgine (charbon légèrement ferrugineux) d'une grande qualité.

D-E

Démotique : écriture apparue en Egypte vers le VIIe siècle av J.-C. Il s'agit d'une écriture rapide et liée. Rapidement, elle va se développer et devenir l'écriture quotidienne en Egypte.

Ebonite : en 1840, l'anglais Thomas Hancock met au point cette matière issue du principe de Charles Goodyear (voir vulcanisation). Cette matière avait de nombreuses qualités dont celles de contenir directement l'encre sans subir d'altérations et d'être peu onéreuse. L'ébonite n'existait qu'en noir et dans des nuances veinées qui représentaient en fait la combinaison de ces deux couleurs (Waterman modèles Ripple vers 1925).

Effel (Jean) : né à Paris en 1908, il est surtout connu pour ses dessins dans de nombreux journaux et revues. On retrouve les dessins de Jean Effel sur les buvards Bic. Dans le domaine spécifique de l'écriture, Jean Effel fut à l'initiative d'un projet resté sans suite : la conception graphique d'un document intitulé "Avant-projet pour une écriture universelle", paru à compte d'auteur en 1968. Jean Effel est mort en 1982.

Encres à pigmentation : se dit des encres modernes à base d'eau et de pigments naturels. Elles disposent de grandes qualités (bonne intensité des couleurs, résistance à l'eau, grande fluidité...)

Encrier "à pompe" : modèle d'encrier équipé d'une colonne contenant l'encre et d'un petit godet apparent. C'est un piston de porcelaine qui permet en montant ou descendant de contrôler le niveau du godet (de l'assécher ou de l'alimenter).

Enluminure : ornementation de manuscrits sous forme de lettres peintes ou de miniatures.

Estampée : se dit d'une plume sur laquelle est représenté un dessin ou un motif par métal repoussé en relief. Les plumes estampées sont très prisées des collectionneurs, car elles furent le plus souvent produites en très petites quantités.

Etoupilles : petites barbes des plumes d'oiseaux les plus proches du tube creux (dans sa partie destinée à être taillée pour l'écriture).

F

Feutre : nouvel outil d'écriture apparu dans les années soixante. Il s'agit d'une pointe en fibres synthétiques imbibée d'encre. Grâce à la multiplicité des couleurs disponibles, le feutre apporta une révolution dans le domaine de l'écriture mais aussi du dessin. Depuis, quantité de modèles de feutres sont apparus (fine liner, micro pointe...)

Filigrane : appelé aussi marque d'eau (en anglais watermark). Le filigrane est un motif obtenu par un amincissement de l'épaisseur du papier, au moyen d'une marque en relief (petit fil de laiton), fixée sur la forme qui va recevoir la pâte à papier. Moins de pâte se dépose à cet endroit. Une empreinte apparaît par transparence dans l'épaisseur du papier, c'est le filigrane.

Filigree : se dit de stylos décorés de métaux précieux (or, argent). Les feuilles sont à la fois découpées et ajourées.

Fountain pen : mot anglais pour désigner un stylo-plume.

G

Galimart : (ou calemart ou calmar), du latin "calamus" (roseau), sorte de petit nécessaire d'écriture avec encrier de voyage qu'on portait autrefois à la ceinture ou au cou. Le système fit son apparition au Moyen Âge. Au XVIIIe siècle, le mot n'était plus utilisé que par les écoliers.

Grosse : terme employé pour exprimer le contenu d'une boite de 144 plumes.

H

Hollandage : exprime une technique d'apprêt des plumes d'oie inventée par les hollandais vers le XVe siècle, qui permettait par trempage des plumes dans de la cendre chaude d'en débarrasser le tuyau des matières graisseuses. Séchée ensuite plusieurs mois, la plume était ensuite fendue afin d'être prête pour l'écriture.

I

Iridium : métal blanc très rare et très dur qui s'extrait de certains minerais de platine. Déposé en mince couche à l'extrémité des plumes en or, l'iridium les prévient d'une usure rapide.

J

JiF : initiales de Jules Isidore Fagard, importateur français de Waterman. La société JIF fut aussi à l'origine de la cartouche en verre, puis en plastique, et du lancement du stylo-plume "Waterman CF".

K-L

Lucky curve : l'un des premiers brevets déposé par George Parker en 1895. Ce conduit coudé renvoie l'encre dans le réservoir lorsque le stylo est fermé. Plume et capuchon sont ainsi protégés d'un excès d'encre.

M

Midlands : région du centre de l'Angleterre disposant d'un important bassin houiller. La ville de Birmingham appartient à cette région qui devint vite, au XIXe siècle, un exemple de développement industriel.

Murex : nom d'un des stylos les plus étonnants de l'histoire. Le Murex de Pilot est fait d'une seule pièce : plume et corps sont tous deux issus du même bloc de métal.

N

Noix de galle : composante de nombreuses encres à écrire dites ferro-galliques à base de sulfate de fer de tanin et de noix de galle. La noix de galle est en fait une excroissance produite sur les végétaux par la piqûre d'un insecte.

O

Or : métal noble des plumes de stylos, l'or à 18 carats ou 14 carats (teneur du métal), est en fait constitué d'or mais aussi de cuivre et d'argent.

Overlay : se dit de stylos dont le décor est réalisé à base de feuilles de métaux précieux (or, argent), ciselés ou gravés.

P

Papier couché : lors de sa fabrication, une couche de kaolin permet à ce papier un excellent encrage.

Papier de soie : on dit aussi "papier Joseph", du nom de son inventeur Joseph Montgolfier. Ce papier fin et soyeux protège les gravures (dans les livres).

Papier glacé : papier d'aspect très brillant.

Papier vélin : inventé par Réveillon en 1781, il est aussi mince que le vrai vélin (parchemin de peau de veau mort-né).

Papier vergé : papier de luxe souvent appelé depuis 1830 papier Ingres (du nom de célèbre peintre qui le remit à la mode). Ce papier comporte en filigranes les traces laissées par le grillage de la forme.

Papyrus : ce roseau du delta du Nil atteint parfois cinq mètres de hauteur. Découpées, les lamelles du papyrus sont ensuite entrecroisées. Séchées, elles s'homogénéisent créant un support pour l'écriture au calame.Le papyrus fut employé chez les Egyptiens bien sûr, mais aussi par les Grecs et les Romains.

Parchemin : support de l'écriture à base de peaux animales (veau, chevreau, agneau, cerfs, truie...) qui fut utilisé, en particulier en Occident, jusqu'à l'arrivée du papier au XVe siècle pour servir de support aux écrits.

Pen-holder : mot anglais pour désigner un porte-plume.

Pennes : voir rémiges

Pinceau : instrument d'écriture et de dessin à base de poils de divers animaux (loup, loutre, martre...), utilisé dans l'art calligraphique de plusieurs pays d'Orient (Chine, Japon...)

Plume : outil d'écriture qui succéda au calame dans certains pays vers le VIIe siècle. En plus de la plume d'oie qui fut la plus utilisée, citons aussi la plume de canard, de corbeau, de coq de bruyère, de vautour, de cygne, de pélican...

Plume à talon : le système de plume le plus répandu. La base courbée de la plume (le talon) se fixe en force dans l'extrémité du porte-plume (la pince). Ainsi maintenue, la plume est prête pour l'écriture.

Plume réservoir : se dit d'une plume métallique dont la structure et la forme permettent la conservation d'une petite réserve d'encre. Certaines plumes permettaient ainsi d'écrire plusieurs pages à la suite sans être replongées dans l'encrier.

Plume tubulaire : se dit d'une plume à écrire de grande taille qui peut être directement tenue en main soit parce qu'elle dispose d'un manche assez long, soit par l'adjonction d'un bâtonnet à son extrémité en forme de tube.

PPR : (porte-plume-réservoir), initiales pour désigner le nom précis du stylo-plume.

Q-R

Qu-ink : nom d'une encre à séchage rapide produite par Parker.

Rafraîchissoir : petits outils mécaniques qui permettent de rajeunir les becs de plumes d'oie lorsqu'ils sont usés.

Réglure Seyes : norme spécifique concernant les écartements entre les lignes d'un cahier d'écolier. Les premiers cahiers d'apprentissage disposent de seulement trois lignes très espacées (inter 10). Avec la réglure Seyes, les lignes sont à la fois plus rapprochées et plus nombreuses (5).

Rémige : (on dit aussi penne), s'emploie pour désigner les grandes plumes des ailes d'un oiseau, en particulier de celles utilisées en tant qu'instruments à écrire.

Roller : principe évolué du stylo à bille (vers 1981). A la différence du stylo-bille qui utilise une encre grasse et épaisse, le roller dispose d'une encre liquide à base d'eau. D'autre part, il n'est plus besoin d'appuyer pour écrire avec un roller, qui assure une écriture plus homogène que le stylo-bille. Il existe de nombreux types de rollers (pointe métal, pointe plastique, feutre à bille...)

Ronde : écriture importante des XVIIIe et XIXe siècles. La ronde est une écriture droite s'inscrivant dans un carré. Elle sera utilisée jusqu'au début du XXe siècle.

S

Safety : se dit d'un stylo dont la plume peut s'escamoter à l'intérieur du corps par rotation du bas du corps du stylo. Ce système, qui avait disparu depuis la veille de la Seconde Guerre mondiale, a fait de nouveau son apparition il y a peu grâce au "Stypen up" pour écoliers.

Scriptorium : dans un prieuré ou une abbaye, salle réservée à la préparation et à l'écriture des manuscrits par les moines copistes.

Style : (ou stylet), durant l'Antiquité, des outils d'écriture pointus en cuivre, plomb ou bronze furent utilisés pour écrire sur des tablettes recouvertes de cire. Ces outils disposaient d'une extrémité plate pour effacer les textes et réutiliser le support.

Syphoïde : nom de l'ancêtre du stylo-plume inventé en 1864 par le français Jean Benoît Mallat.

T

Tablette d'argile : l'argile humide fut l'un des premiers supports de l'écriture. Dans l'argile humide, le roseau ou le calame taillés en pointe triangulaire laissa les premières traces de l'écriture dite cunéiforme.

Taille-plume mécanique : mis au point par le français de la Chaumette au début du XVIIIe siècle, cet accessoire de petite taille permettait, grâce à une lame coulissante et un levier de coupe, de tailler une plume d'oie pour l'écriture (voir aussi rafraîchissoir).

Trench pen : (en français, stylos des tranchées), au cours de la Première Guerre mondiale, plusieurs fabricants (Onoto, Parker...) ont réalisé des séries de stylos destinés aux soldats. Le plus souvent pour alimenter ces objets rustiques, les soldats utilisaient une encre en poudre ou en grains qu'ils diluaient dans l'eau.

Tsaï Loun : (on dit aussi Caï Loun), né en l'an 62 de notre ère, ce haut-fonctionnaire à la cour impériale de Chine officialisa le papier en l'an 105. Depuis presque deux mille ans, le nom de Tsaï Loun est lié au papier. Considéré comme le dieu des papetiers, il est encore aujourd'hui représenté en Chine comme un héros.

U-V

Vélin : parchemin spécifique et luxueux très fin à base de peau de veau mort-né.

Vulcanisation : incorporation de soufre au caoutchouc pour lui donner plus de résistance tout en lui conservant son élasticité. Ce procédé est à la base de l'amélioration des corps des stylos-plumes au XIXe siècle aux Etats-Unis (voir ébonite).

W-X-Y-Z

X pen : modèle de stylo Waterman dont le corps était censé se recharger tout seul. Il suffisait de plonger le stylo dans l'encrier pour que l'encre remonte dans le réservoir par capillarité. Le principe lancé par Parker (le 61) n'eut pas le succès escompté.

Bibliographie

LIVRES

- Stylos d'hier & d'aujourd'hui
  Andréas Lambrou
  Edition Ars Mundi
- Un amour de stylo
  Jean-Pierre Guéno, Bruno Lussato, Kimiyasu Tatsuno
  Musée de la Poste / Robert Laffont 1995
- Histoire de l'écriture
  James G. Février
  Editions Payot 1984
- Histoire d'une tache d'encre
  Henri Coupin
  Editions R. Roger & F. Chernoviz
  Librairie moderne de livres de prix
- Les manuscrits & la miniature
  Lecoy de la Marche
  Éditions A Quantin
- Les Cahiers de Médiologie - Pouvoirs du papier
  Éditions Gallimard - 1997
- Les Cahiers de Médiologie - Anciennes nations nouveaux réseaux
  Éditions Gallimard - 1997
- L'empire des signes
  Roland Barthes
  Editions Albert Skira
- Les Écrivains Publics
  Huguette spitz & Jean Mellot
  Editions J.C. Lattès - 1983
- Histoire de nos écritures
  Louis Chabot
  Éditions En savoir plus 1983
- La Calligraphie
  Miriam Stribley
  Éditions Dessain & Tolra - 1987
- Pens & How to use them
  Alfred Th Hunter
  Éditions Blandford
- La Plume des oiseaux
  Lacroix Danliard
  Édition J.B. Baillière & fils - 1891
- Le nom de la rose
  Umberto Eco
  Le livre de poche - 1996
- La Penna
  Enrico Castruccio
  Editions Idéa Libri
- Tom Tit - La science amusante série 1, 2, 3. 100 nouvelles expériences
  Éditions Retz - 1892
- La Passion des collections
  Danielle Attali
  Éditions J'ai lu - 1989
- La parole à l'écriture
  Louis Lavelle
  Éditions L'artisan du livre - 1947
- Léon Chatry Instituteur
  Jules Lerous
  Éditions La Manufacture 1985
- Meubles à écrire
  Monica Burckhardt
  Editions Ch. Massin Paris
- L'écriture de vos enfants
  Noëlle Robert
  Éditions Ramsay 1989
- L'écriture et la psychologie des peuples
  Centre international de synthèse
  Éditions Armand Colin - 1963
- The universal Penman
  Victoria & Albert Museum
- Les Rondachiers de l'encre
  Pierre Gaxotte
  Édition Rob 1970
- Buvards bavards
  Anne & Denise Debuigne
  Éditions Massin - 1997
- Mémoire d'École
  Marie & Jacques Gimard
  Éditions Le Pré aux Clercs - 1997
- L'écriture de votre enfant
  Jacqueline Besson
  Éditions Denoël - 1991
- Intelligences & écritures
  Émile Caille
  Éditions Mont Blanc - 1974
- Jeux de plume
  Henry Régnier
  Éditions Des Cahiers Livres Toulouse - 1929
- Lettre sur le pouvoir d'écrire
  Claude Edmonde Magny
  Éditions Gallimard 1981
- L'apprentissage de l'art d'écrire
  Jules Payot
  Éditions Armand Colin 1921
- Les Graffiti des tortures
  Éditions des nouvelles Images 1971
- Le timbre poste
  Claude Richard
  Orange export Ltd - 1982
- Qu'est-ce qu'écrire ?
  Bernard Noël
  Édition Paupières de Terre 1989
- Premiers éléments d'Industrie manufacturière
  Paul Leguidre
  Éditions Libraire Ch. Delagrave 1878
- Les secrets de l'industrie
  M. Alphonse, A. Chevallier
  A.Dupré imprimeur éditeur - 1857
- Jules Ferry réveille-toi
  Fernand Dupuy
  Éditions Fayard - 1981
- Le Symbolisme de l'écriture
  Max Pulver
  Éditions Stock - 1971
- La Vie quotidienne des religieux au Moyen Age X[e]-XVe siècles
  Léo Moulin - 1981
  Éditions Hachette
- Les encres
  F. Margival
  Gauthier Villars Masson & Cie - 1912
- Grammaire de l'académie française
  Éditions Firmin Didot & Cie - 1932
- Histoire de l'écriture
  Louis Jean Calvet
  Éditions Plon - 1996
- Histoire de la communication
  Maurice Fabre
  Éditions rencontre & Erik Nitsche - 1964
- Écritures
  Actes du colloque international de l'Université de Paris VII
  Systèmes idéographiques & pratiques expressives
  Éditions le Sycomore - 1982
- Écriture II
  Éditions Le Sicomore - 1985
- Fountain Pens & Pencils
  The golden Age of Writing Instruments
- George Fischler & Stuart Schneider
  Éditions Scheffer Publishing - 1990
- Une affaire de Stylos
  Pierre Haury & Jean Pierre Lacroux
  Éditions Seghers Quintette - 1990
- La Mémoire des Sergent-Major
  Jean-Pierre Lacroux & Lionel Van Cleem
  Éditions Ramsay Quintette - 1988
- Le Magasin Pittoresque
  M. Édouard Charton
  Paris - 1859
- La grande invention de l'écriture
  Planches, Documentation & Index
  Marcel Cohen
  Éditions Paris Imprimerie Nationale/libraire C. Klincksieck - 1958
- Histoire de l'Écriture dans l'Antiquité
  Ministère de l'instruction publique & des Beaux Arts
  Philippe Berger
  Imprimerie Nationale - 1841
- La Civilisation de l'écriture
  Roger Druet - Herman Grégoire
  Éditions Fayard - 1976
- Traces signes lettres
  Martin Andersch
  Ulisséditions - 1989
- L'encyclopédie Diderot & d'Alembert
  L'art de l'écriture caractères & alphabets
  Éditions Mame à Tours - 1994
- L'aventure multiple des outils de l'écriture
  Marcel Colombain
  Éditions P & O Lussaud Frères, Fontenay le Comte - 1963
- Plumes Métalliques
  B. Farjon - 1899
- Mythologies
  Roland Barthes
  Éditions du Seuil - 1957
- L'écriture
  Etiemble
  Éditions Gallimard - 1973
- Le Stylo à plume
  Guide du collectionneur
  Alexander Crum Ewing
  Éditions Soline - 1997
- Plaisirs de papier
  Faith Shannon en collaboration avec Il Papiro
  Éditions Flammarion - 1988
- Le Patrimoine de la Poste

Éditions Flohic - 1996
• L'écriture à travers les âges
Abel Hermant
de l'Académie Française
Éditions Gold Starry - vers 1950
• De la calligraphie à l'écriture
C. Hebting
Éditions Magnard - 1994
• L'écrit & l'illettrisme
J.M. Besse
Éditions Magnard -1995
• Conran Design guides
Home Office
Jeremy Myerson & Sylvia Katz
Éditions Conran Octopus - 1990
• Les conquêtes de l'Industrie
E. Rosary
Éditions Mégard & Cie - 1869
• Calligraphie
Claude Médiavilla
Imprimerie Nationale - 1993
• Vive la récré !...
François Bertin & Pascal CCourault
Éditions Ouest France - 1995
• L'art calligraphique de l'Islam
Abdelkébir Khatibi
Mohamed Sijelmassi
Éditions Gallimard - 1994
• Histoire de nos écritures - en savoir plus
Louis Chabot
Éditions Hachette - 1983
• An Introduction to the science of graphology
Hanwriting analysis
Chris Morgan
Chartwell Books, INC - 1995
• Papiers & Moulins
Des origines à nos jours
Marie Ange Doisy - Pascal Fulacher
Art & Métiers du Livre
Éditions - 1997
• Pinceau Chinois
Le Livre Atelier
I-Ching
France Loisirs /édition Hatier - 1995
• Calligraphie - Premiers Pas
John Lancaster
Éditions Dessain & Tolra - 1992
• New Nelson - Handwriting (méthode d'écriture)
Peter Smith and A. Inglis - 1984
• Arts populaires graphiques
Guides Ethnologiques 18
Éditions des Musées Nationaux - 1974
• L'art de vivre au bureau
Élisabeth Pélegrin - Genel
Éditions Flammarion - 1995
• Raconte moi La Poste
André Darrigrand (préface)
Éditions La nouvelle Arche de Noé - 1996
• Qui a rammassé la plume d'oie
Joseph Beaune - René Pouot
Éditions Dessain & Tolra - 1979
• Guide pratique de la graphologie
Cyrille de Newbourg
Sélection du reader's digest - 1974
• En gironde, notre école au bon vieux temps
Jean François Rabonnat - Jules Joly
Éditions Horvath - 1993
• L'écriture & son dessin
René H. Munsch
Eyrolles éditeur - 1947
• Éléments de graphologie
Henri Tramiers
Éditions du Cap - B1959
• 50 sortes d'écritures
Pour s'exercer à la lecture des Manuscrits
Librairie Hachette & Cie - 1840
• Nouveau choix de Lectures manuscrites
H. Oudin Librairie Éditeur - 1840
• Manuel Roret
La Fabrication des Encres de toute sorte
De Champour & F. Malepeyre
Librairie encyclopédique de Roret - 1875
• Fabrication des encres & cirages
L. Desmarest ingénieur chimiste d'après S. Lehner & R. Brunner
Bernard Tignol Édition - 1920
• Manuel du Fabricant D'encres, Cirages, Colles
M. de Keghel
Éditions J.B. Baillière & fils - 1922
• Les plus belles lettres manuscrites de la langue française
Bibliothèque nationale
Éditions Robert Laffont - 1992
• Langage de signes, l'écriture et son double
Georges Jean
Gallimard Découvertes - 1989
• A pleines pages, histoire du livre (vol.1)
Bruno Blasselle
Gallimard Découvertes - 1997
• L'écriture, mémoire des hommes
Georges Jean
Gallimard Découvertes - 1987
• La France à l'école
Yves Gaulupeau
Gallimard Découvertes - 1992

CATALOGUES D'EXPOSITIONS

• Exposition Plumes et en-têtes
Beaux Arts
Musée de la Poste 1990
• Matite
Mostre Giogetti
Corraini Editore
• Segnalibro - Giogetti Le Mostre
Corraini Editore - 1996
• Trace de plume
Une histoire de la pédagogie de l'écriture
Musée de Niort - 1995
• L'art de l'écriture Unesco
Editions Wesel, Baden-Baden 1965
• L'écriture - Quels caractères ?
Musée d'Aquitaine - 1997
• ...Et aussi des crayons
Écriture, papeterie & publicité
Bibliothèque Forney
Somogy éditions d'art - 1996

REVUES

• Sciences & Vie - Les Cahiers «du secret des hiéroglyphes de la fondation de l'égyptologie»
N°40 Août 1997
• Le courrier de l'Unesco
«Aux sources de l'écriture»
Avril 1995
• Plumes
• Psychologies
N° 158 - Nov. 1997
• Arts & Métiers du Livre 1996
• Aladin
Le Monde de l'ancien & de l'authentique
• Le Point n° 1000 - (magazine)
Vive l'écrit
• Sciences & avenir N°412 - 1981
• L'Histoire
L'affaire Dreyfus, vérités & mensonges - 1994

BROCHURES

• International stationery guide
Éditions Hélios - 1993
• Rapport Général du 1er Congrès International de défense Industrie de la plume pour Parures
organisé par l'Union des syndicats des industrie de la plume
Juin 1914
• La plume d'oie-Bulletin de la Société Archéologique du Gers - 4ème Trimestre
Auch - 1997
• Avant-projet pour une écriture universelle
Michel Lejeune - Louis Bazin
Jean Effel 1968
• Bibliothèque de travail histoire de l'écriture
Dessins & Documentations d'A. Carlier
L'imprimerie à l'École - 1947
• Chancery Cursive - Stroke by stroke (méthode d'écriture)
An Arthur Baker calligraphy manual
Dover publication INC - New York - 1988

Index

Ne sont indexées ici que les pages en couleurs de cet ouvrage. Les numéros de pages en italique renvoient aux légendes.

Crédits photographiques

Collection privée : p 12, 31, 36 en haut, 37, 41, 44, 68 en haut, 84 en bas, 87, 91, 111, 112 en haut, 114, 115 en haut et en bas, 116 à gauche, 141 en bas à gauche, 142, 144, 148, 149, 152 à droite, 159.

Photos H. Lefebvre : p 6, 30, 35, 40, 42, 49, 52, 53 en haut, 54 en bas, 57, 60-61, 63, 70, 72, 73, 74 en bas, 75, 76, 83 à droite, 86, 96, 140, 156.

Photos A. Brumaire, collection L. Van Cleem : p. 10, 28, 32, 39 au centre, 56, 62 en haut, 64, 68 en bas, 69, 77, 93, 95, 158.

RMN : p 8 à droite, 9 à droite, 21, 22, 23, 29. 32 en bas.

J. Boulay : p.1, 2-3, 4-5, 34 en haut à gauche et au centre collection Ridel, 101, 117, collection O. Purnot, 118-119, 122-123, 124 présentoir : Point Plume stylo, stylo : collection Institut des Arts de l'écriture - Musée International du Stylo, 126-127 collection Institut des Arts de l'Ecriture - Musée International du Stylo, 131 au centre, 133, 137, 154.

Waterman : p103 en haut et en bas, 104-105 en haut, 106 en haut et en bas, 107 à gauche et à droite, 128 à gauche, et à droite (Waterman/Steinberg).

Marc Walter : p.24-25, 26 au centre à gauche et en bas ; 27, 33, 43.

Bibliothèque Forney: p 36 en bas, 38 en haut et en bas, 39 en bas, 55 en bas, 59 en bas, 111 à droite en haut, 116 en bas, 151 en haut.

Roger Viollet: p 14 au centre, 65, 71, 88, 89, 130.

Photos J. Castel, collection L. Van Cleem, *La Mémoire des Sergent-Major* : p 53 en bas, 54 en haut, 55 en haut, 59 en haut , 83 en bas à gauche, 94, 95 en haut.

Collection R. Harland : p 62 en bas, 66-67.
G. Benoît : p. 120, 121.
Musée national de l'Education - I.N.R.P. : p. 82, p. 84, en haut.
ADAGP : p 145, 146, 147.
Cartier : p. 134 en haut à gauche, en bas (photo J-P Métayer), 135.

Couverture : Marc Van Appelghem/© Caran d'Ache ; p. 8 : à gauche, Le Calligraphe/photo L. Geneslay ; p. 9 : à gauche, Royal Library, Copenhague ; p. 12 : Scala ; p. 13 : Bibliothèque Nationale de Paris ; p. 14 : à gauche, The National Trust, Waddesdon Manor, Aylesbury ; p. 15 : Oronoz ; p. 16 : J.-L. Petit ; p. 17 : Oronoz ; p. 18 : Artephot ; p. 19 : The National Gallery of Ireland, Dublin ; p. 26 : en haut, à gauche, AKG Photo ; p. 45 : studio Flammarion ; p. 46 : University Library, Bologne ; p. 47 : en haut, Rustica ; en bas, Treal et Ruiz ; p. 48 : Atelier photo Déclic ; p. 50 : collection Jean Chalon, *Colette*/Flammarion ; p. 51 : en haut, Richard Foster, catalogue Smythson ; en bas, photo Flammarion papiers Arjomari ; p. 74 : en haut, Keystone ; p. 78 : AFDPP/photo M. Bovis/© Ministère de la Culture - France ; p. 79 : Musée de l'école rurale en Bretagne, Trégarvan ; p. 80/81 : Musée Granet, Palais de Malte, Aix-en-Provence/photo : B. Terlay ; p. 85 : J-L Mège ; p. 90 : Matite/L. De Ceglie ; p. 92 : en haut, Faber-Castell ; en bas, Caran d'Ache ; p. 97 : G. B. en haut ; en bas, studio Flammarion ; p. 98 : Lamy ; p. 99 : UNESCO/D. Roger ; p. 100 : Stypen ; p. 102 : Linot ; p. 105, à droite, droits réservés ; p. 108 : en haut, document Parker ; p. 109 : au centre, droits réservés ; en bas, Sheaffer ; p. 110 : Montblanc ; p.112 en bas, Edacoto; p. 113 : en haut, Omas; en bas, Namiki ; p. 125 : Dunhill-Namiki ; p. 129 : Pélikan ; p. 132 : Fabergé ; p. 134 : à droite, Caran d'Ache ; p. 136 : Pélikan ; p. 138 : AFDPP/photo R. Voinquel/Ministère de la Culture - France ; p. 139 : Caran d'Ache ; p. 141 : Sensa ; p. 143 : droits réservés ; p 145 : ADAGP ; p. 146 : en bas, studio Flammarion ; p. 150 : Pilot ; p. 151 : en bas, Pentel ; p. 152 : à gauche, Sensa ; p. 153 : Omas ; p. 155 : Lamy ; p. 157 : studio Flammarion ; p. 160 : photo Richard Foster, catalogue Smythson.

Remerciements

L'auteur remercie tout particulièrement Jean-Pierre Cassagne et Jean-Philippe Teytaut, Alain Bouldoires et Patrick Rétali, qui l'ont accompagné dans la préparation puis la rédaction de cet ouvrage, Sylvie Marande sa compagne et complice de chine — qui n'a pas son pareil pour dénicher d'extraordinaires encriers des siècles passés. Elle a rassemblé puis identifié quantité d'objets pour définir les thèmes photographiques du livre. Un grand merci également au photographe Hervé Lefebvre à Bordeaux qui sut capturer avec sensibilité les formes et les couleurs des flacons d'encre, des portes-plumes, des présentoirs et des livres anciens, et au photographe Jacques Boulay à Paris.

Il remercie Ghislaine Bavoillot qui dirigea la préparation de cet ouvrage. Avec rigueur, elle sut guider sa plume ; avec passion, elle apprit bien vite à parcourir avec aisance le monde des objets d'écriture. Un grand merci également à l'équipe éditoriale rassemblée autour d'elle : Nathalie Bailleux, Blandine Serret, Juliette Seeuws, Hélène Boulanger, Maud Dechambre, Véronique Manssy.

Pour leurs conseils et leurs informations précieuses, l'auteur tient à remercier Henri Altaribo, Stéphan de Boislambert, Jean-Marc Gras, Richard Harland, Pierre Haury, Jacques Le Roux, Bruno Lussato, Jean-Marie Maes, André Mora, Olivier Purnot. Un grand merci également à Carole Illouz, Hélène Horrut, Magali Escatafal et Annie Lebrun pour leur travail de documentation, Cathy Pollato, Annick Liose (italien), Monique Avril (allemand) pour leurs traductions, Karine Vilate pour ses recherches concernant les firmes et la préparation des premiers éléments du carnet d'adresses.

Il remercie Maurice Druon, secrétaire perpétuel de l'Académie Française, pour les nombreux messages d'encouragement qu'il lui fit régulièrement parvenir depuis leur rencontre il y a trois ans, lors du vernissage de l'exposition «Cent ans d'objets d'écriture» ; la ville de Coutras en Gironde en la personne de son maire Jean-Louis Boscq, sans qui cette exposition n'aurait peut-être jamais vu le jour, ainsi que Julie Daurel, journaliste de «Côte Ouest», Marc Clareton à Paris et tous ceux qui ont contribué au succès de cette belle aventure.

Un grand merci aux prêteurs d'objets d'écriture André Mora, Olivier Purnot, Bruno Lussato et le Musée du Stylo, Armando Simoni, Monsieur Ridel de «Point Plume», Madame Ardurats de la librairie Mollat à Bordeaux, aux différentes boutiques parisiennes, ainsi qu'aux sociétés d'objets d'écriture qui ont accepté de répondre à de nombreuses questions concernant leur histoire et leurs produits.

Ce livre n'aurait jamais existé sans un porte-plume en argent — du joailler Servan à Bordeaux — et un présentoir de porte-plume en bois «Baignol et Farjon», qui furent les premiers objets d'écriture à venir se poser sur mon bureau, il y a vingt ans. L'auteur remercie plus particulièrement Lionel Van Cleem dont l'ouvrage «La mémoire des Sergent-Major» éveilla chez lui une passion en sommeil. Issus du livre ou de divers documents – menus Air France –, quelques beaux éléments de la collection Van Cleem concernant la plume d'oie et la plume métallique sont ici présentés.

L'auteur remercie pour leur fidélité aux projets d'écriture, Marie-Claude Le Floch-Vellay, Anne-Marie Bernard et l'équipe de la Bibliothèque de Bordeaux, Eric des Garets — du Centre régional des Lettres d'Aquitaine —, l'imprimeur Gilles Sautreau, ainsi que tous les amateurs d'objets d'écriture rencontrés au hasard de ses recherches, tous ceux avec qui il a communiqué, par téléphone ou par courrier.

Il remercie enfin ses stylos et son ordinateur qui l'ont accompagné de longs mois dans cet isolement, face à la rivière qui coule comme une encre lente vers l'océan de notre mémoire.

L'éditeur remercie chaleureusement toutes les personnes et tous les fabricants qui nous ont prêté des objets ou des photos pour la réalisation de cet ouvrage : Valérie Allard (Dunhill), Corinne Deville (Lamy), Emeline Fontvielle (Montblanc), Renée Franck (Cartier), Eve Friedrich (Gillette Ecriture), Pierre Hageman (Herbin), Claire Gérard (Bic), Monique Kahn (Pilot), Jean-Pierre Lépine, Alain Mothu (Faber-Castell), Mme Salinière (Omas), Renate Stern (Caran d'Ache), Lalique. Et plus particulièrement Laurent Geneslay (Le Calligraphe), Julie Grinberg (Memo Art), Bruno Lussato et Olivier Bourgeois (Institut des Arts de l'Ecriture - Musée international du Stylo), André Mora, Mme Lillemor Garnier (Ordning et Reda), Cassegrain, Marie-Paule Orluc (Marie Papier), Denis Peaucelle (Musée du Papier "Le Nil"), Marie-Hélène Reynaud (Conservateur des Archives et du Musée des Papeteries Canson et Montgolfier), Patrice Sébilo, M. et Mme Ridel (Point Plume Stylos).

L'éditeur tient également à remercier toutes les personnes qui ont guidé sa recherche dans la réalisation de ce livre et tout particulièrement Jacques Le Roux pour son accueil si chaleureux et le prêt de ses documents précieux écrits à la plume d'oie pour la page 1 de l'ouvrage ; Christian Lacroix qui a bien voulu nous autoriser à reproduire en pages 4 et 5 son courrier écrit au feutre ; ainsi que Valérie Marchand qui nous a permis de rencontrer Jacques Le Roux ; et enfin les collectionneurs Richard Harland et Lionel Van Cleem, ainsi qu'André Mora, pour l'extrême amabilité avec laquelle ils ont accueilli toutes nos demandes d'illustrations.